영화에서 길을 찾다

영화에서 길을 찾다

발행일	2024년 8월 19일

지은이	김영만		
펴낸이	손형국		
펴낸곳	(주)북랩		
편집인	선일영	편집	김은수, 배진용, 김현아, 김다빈, 김부경
디자인	이현수, 김민하, 임진형, 안유경	제작	박기성, 구성우, 이창영, 배상진
마케팅	김회란, 박진관		
출판등록	2004. 12. 1(제2012-000051호)		
주소	서울특별시 금천구 가산디지털 1로 168, 우림라이온스밸리 B동 B111호, B113~115호		
홈페이지	www.book.co.kr		
전화번호	(02)2026-5777	팩스	(02)3159-9637

ISBN	979-11-7224-219-0 03680 (종이책)	979-11-7224-220-6 05680 (전자책)

(주)북랩 성공출판의 파트너

북랩 홈페이지와 패밀리 사이트에서 다양한 출판 솔루션을 만나 보세요!

홈페이지 book.co.kr • **블로그** blog.naver.com/essaybook • **출판문의** book@book.co.kr

작가 연락처 문의 ▸ ask.book.co.kr

작가 연락처는 개인정보이므로 북랩에서 알려드릴 수 없습니다.

영화에서 길을 찾다

김영만 지음

북랩

봄 향기가 코끝을 아련히 스치는가 하더니, 곧 눈부신 신록과 태양이 온 누리를 뒤덮는다. 색색의 단풍잎이 바람에 흩날리면, 눈보라 휘몰아치는 겨울 또한 머지않다. 어김없는 계절의 순환처럼 우리 삶 또한 한 편의 파노라마처럼 흘러간다. 찬란한 청년기가 시위를 떠난 화살처럼 횅하니 멀어지면 신체적으로나, 심리적으로나 예전에는 느낄 수 없었던 아픔이 시작되는 중년기가 성큼 다가온다. 이를 어렵사리 통과하더라도, 더 심한 고통이 예상되는 노년기가 우리를 기다리고 있다.

> "늙는 게 이토록 어렵다는 걸 알려준 사람이
> 왜 한 사람도 없었지?"

삶과 죽음, 신의 존재 여부와 영혼의 구원 같은 주제를 심도 있게 다룬, 세계적인 영화감독 잉마르 베리만[1]이 한 말이다. 그의 말에는 노년기에 겪을 수 있는 처절한 외로움과 무력감이 묻어 있다.

우리나라의 경우 노년의 문제가 선진 외국에 비해서 더 심각한 것으로 조사되었다. 통계청 발표에 따르면 연령별 삶의 만족도가 외국과 달리 U자형[2]이 아니라, 나이 들수록 지속적으로 하락하는 경향이 있다고 한다. 즉, 중년기에 접어들면서 하락하기 시작한 삶의 질이 노년기에도 회복되지 않는다는 것이다.

중·노년의 행복한 삶, 영화에서 길을 찾아보자

영화감상을 통해 고단한 늘그막 삶을 꽃피울 수 있는 '길 찾기'에 나서면 어떨까? 영화 중에는 중·노년을 맞아 심리적으로, 신체적으로, 그리고 인간관계 측면에서 겪게 되는 여러 유형의 갈등과 아픔을 보여주는 것들이 많다. 같은 연령대에, 비슷한 어려움을 겪는 영화 주인공들과 함께 고뇌하면서 해결책을 모색하는 지혜

---

1   1918년 스웨덴 출생의 영화감독. 〈제7의 봉인〉, 〈가을 소나타〉(이 책 p. 128 참조), 〈산딸기〉(이 책 p. 179 참조) 등을 연출하였다. 위 글귀의 출처는 『길에서 어렴풋이 꿈을 꾸다』(이동진, 예담, p. 235)

2   삶에 대한 만족도가 청·장년기에 높으나, 중년기에 떨어진 후, 노년기에 다시 상승하는 유형

를 배우고자 하는 것이다. 끝내 좌절하는 주인공들도 많으나, 이를 반면교사로 삼으면 오히려 값진 열매를 얻게 될 것이다.

이러한 관점에서 중년 이후의 삶의 과정을 5개 부문으로 나누고, 각 부문에 적합한 영화를 소개하고자 한다.

제1부는 **'흔들리는 중년'**이다.

중년기에는 '나는 누구인가?' 하는 의문이 문득 제기된다. 직장과 가정의 틀 속에 매몰되고, 내면에 억압되어 있던 '자기'를 새로이 발견하게 되는 것이다. 이즈음 꿈과 이상은 아스라이 멀어지고, 차가운 현실이 앞을 가로막는다. 이루어놓은 것이 별로 없다는 공허감과 상실감이 엄습한다. 텅 빈 가슴을 메우려 배우자 아닌 다른 이성에게 눈길을 돌리는 경우도 있다. 이런 현상을 '중년의 위기(Midlife-Crisis)'라고 부르는데, 남녀를 불문하고 약 80%가 경험하는 것으로 알려져 있다.[3]

이를 슬기롭게 극복하여 '원숙'한 삶으로 가꾸어야 한다. 가는 것들이 있으면 다가오는 것들이 있다. 자신을 당당하게 가꾸고 미래를 준비하여 '중년 승리!'의 길을 모색하는 데 길잡이가 될 만한 영화들을 소개한다.

제2부는 **'다시 출발, 꿈과 도전'**이다.

지금껏 걸어온 길이 끝나면 새로운 길이 열린다. 그 길은 젊었

---

3   일요신문 제1540호, 2021. 11. 11. 자

던 시절에 가고 싶었으나 가지 못했던 길일 수도 있고, 어쩌면 헤매기 쉬운 미로일지 모른다. 그러나 꿈을 좇아 새로운 길에 도전하는 것은 얼마나 아름다운가.

'끝난 사람'이 아닌 '시작하는 사람'이 되어야 한다. 오랜 세월에 걸쳐 체득한 지혜를 후세대에 베풀면 본인이 오히려 더 많은 것을 배울 수 있다. 노년기에도 자기 신념을 굳건히 지키면서 길을 새로이 개척하는 사람들의 이야기를 담은 영화들을 소개한다.

제3부는 **'가족, 사랑과 미움의 굴레'**이다.

우리 삶에서 가장 중요한 단위인 '가족'이 흔들리면, 다른 무엇을 잃는 것보다 아픔이 클 것이다. 그러나 잘 아는 것 같으면서도 제대로 모르는 것이 가족이 아닐까? 사랑한다면서도 상처를 주고, 기대 수준이 높은 탓에 실망하는 일이 다반사이다. 지키지 못할 약속을 쉽게 하고는 잊거나 어긴다. 털어놓기 어려운 비밀과 상처를 각자 품고 살아간다.

가족 관계 전문가 최광현은 우리가 살면서 겪게 되는 큰 상처는 대부분 가족 사이에서 발생한다고 지적한다. 특히 엄마와 딸, 아버지와 아들 관계는 미묘하다고 한다. 사랑과 미움의 굴레로 엉키기 쉬운 가족 문제를 진지하게 헤아려볼 수 있는 영화들을 소개한다.

제4부는 '꽃이 지기로서니'이다.

지난 세월을 돌이켜보면 '후회'와 '회한'을 떨칠 수 없다. 그러나 과거에 집착하게 되면 여한이 된다. 고집이나 욕망을 멀리하고, 현실에 충실해야 할 시점이다. 지난 세월 활활 타올랐던 격정의 불꽃이 남긴, 채 꺼지지 않은 재를 조심스레 거두어야 한다.

'열흘 붉은 꽃은 없다'라는 말이 있다. 그러나 꽃이 진 자리에 열매가 맺히고, 그 열매는 새 생명을 예비한다. '오랜 세월 묵힌 포도주가 맛과 향을 더한다'라는 격언도 있다. 나이 듦을 '쇠락'이 아닌, '돌아와 거울 앞에 선 누님' 같은 '완숙함'으로 승화시켜야 한다. 실패와 좌절을 넘어서 삶을 아름답게 가꿔나가는 데 도움이 될 만한 영화들을 소개한다.

제5부는 '삶은 꿈이런가'이다.

모든 명제 중 가장 확실한 것은, 살아 있는 모든 것들은 마지막이 있다는 것이다. 즐거움과 외로움을 나누며 의지하던 친구와 친지들이 하나둘 우리 곁을 떠난다. 과연 영혼은 있는가? 다른 세상이 존재하는가? 이러한 생각에 공포가 엄습해온다. 그러나 외면한다고 해서 이러한 두려움들이 우리를 비켜가지 않는다.

삶을 진실하게 사는 사람은 마지막을 더욱 소중하게 맞이한다. 삶의 유한성을 깊이 새기고, '그 강'을 건너 '또 다른 세상'으로 가는 마지막 길을 '관조(觀照)' 해볼 수 있는 영화들을 소개한다.

위대한 영화는 관객들을
더 위대한 삶이 되도록 이끌 수 있다[4]

영화 몇 편을 본다고 해서 인간 존재에 드리워진 근원적인 두려움에서 벗어날 수는 없다. 그러나 '위대한 영화는 관객들을 더 위대한 삶이 되도록 이끌 수 있다'라는 말이 있다. 그래서 '지친 삶을 위로' 하고 '평온한 여생'을 누리는 데 영화들이 다소나마 길잡이 역할을 할 수 있었으면 하는 마음에서 이 책을 썼다. 그런 취지이니만큼 영화 내용을 구체적으로 소개했다.

영화에 영원한 문외한인지라 부족한 점이 많아 두려움이 앞선다. 그러나 영화를 선정하고 글을 쓰는 데 있어 진정한 마음으로 임했다는 것만큼은 감히 말씀드릴 수 있다. 책에 실린 사진들[5]은 저자가 국내외를 여행하며 찍은 것들이 많으나, 영화의 포스터나 스틸 사진, 그리고 사진동호회 회원님들의 작품도 일부 있다. 그분들에게 감사드린다. 아울러 원고를 수차례 꼼꼼히 읽고 의견을 준 아내에게도 감사한다.

2024년 8월

저자 김영만

---

4 로저 에버트, 미국 영화평론가
5 이 책 끝부분의 「사진 목록」 참고(출처, 작가명 등)

제3부　가족, 사랑과 미움의 굴레

제4부　꽃이 지기로서니

제5부 삶은 꿈이런가

제1부

흔들리는 중년

멀어지는 꿈

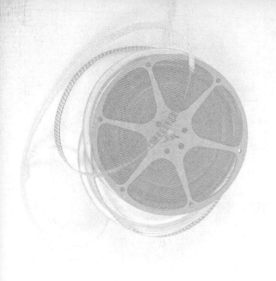

1-1.

공허감, 상실감… 위기의 중년

⟨괜찮아요, 미스터 브래드⟩

⟨디 아워스⟩

⟨비포 미드나잇⟩

─ 나는 아직 살아 있다. 그래서 승리자다 ─

괜찮아요, 미스터 브래드

(Brad's Status, 감독: 마이크 화이트, 2017, 미국) ⑫

47세인 브래드(벤 스틸러 분)는 새벽에 잠이 깨어 뒤척이다가 괜스레 우울한 생각에 빠진다. 친했던 대학 친구들의 SNS[6]를 보니 모두 성공한 것 같다. 닉은 할리우드의 거물 영화감독이고, 헤지펀드사 대표인 제이슨은 전용 비행기도 있다. 빌리는 하와이 해변에서 미녀들과 멋진 삶을 누리고 있으며, 크레이그는 베스트셀러도 여러 권 쓴 저명한 교수다.

---

6 SNS(Social Networking Service): 온라인상에서 이용자들이 인적 네트워크를 형성할 수 있게 연결해주는 서비스

비영리법인에서 어려운 사람을 돕는 일을 하는 그도 한때는 자기 일이 자랑스럽다고 생각했으나, 친구들과 비교해보니 실패한 인생이라는 생각이 든다. 함께 일하던 젊은 직원이 "내가 돈을 많이 벌어서 기부하는 게 낫지, 남들에게 기부하라고 쫓아다니긴 싫어요" 하고는 금융계로 직장을 옮긴 것을 생각하니 더욱 그러하다.

대학 진학을 앞둔 아들의 등록금이 걱정되어 아내에게 넌지시 처갓집 재산을 물었다가 핀잔만 듣는다. 이렇게 된 것이 매사에 쉽게 만족하고 현실에 안주하는 아내 탓인 것 같다는 생각마저 든다. '나는 세상을 사랑했고, 세상도 날 사랑했다'라며 자신감에 넘치던 대학 시절을 생각하니 더욱 우울해진다.

> **"인생을 비교하는 건 멍청한 짓이지만,**
> **비교할 때면 실패한 기분이 든다."**

미국 서부에 사는 브래드는 대학 입학 면접 차 동부의 보스턴으로 캠퍼스 투어를 떠나는 아들과 동행한다. 공항에서 비행기 좌석을 업그레이드하려다 실패하여 아들에게 실망을 준 것 같다. 공항에서 어쩌면 하버드대학 합격도 가능할 수 있다는 얘기를 아들로부터 처음 듣는다. 평소 아들 일에 무관심했던 것에 미안해하면서도, 자신이 이루지 못했던 꿈에 성큼 다가선 아들이 대견스럽게 느껴진다. 그러면서 "아들의 성공을 내 승리로 삼는 것은 억지 아닐까?"라며 평정심을 되찾는다.

기쁜 마음도 잠시, 또 다른 걱정이 엄습해온다. 길거리 악사를 보고는 "아들이 가난한 예술가가 된다면…", 그리고 큰 액수일 사립대학교의 등록금 걱정까지. 그의 자존감이 다시 바닥으로 떨어진다.

그의 마음을 어둡게 한 것은 또 있다. 얼마 전, 대학 은사의 장례식이 있었다는데 그는 연락조차 받지 못했던 것이다. 학창 시절 그 교수의 수제자란 얘기까지 들은 적 있기에 소외감이 더욱 크다. 아들이 여자 친

벼랑 끝의 남자

구들과 만나는 장소에 동행한 브래드는 활기찬 젊은 여자 대학생들과의 대화 후, 마음이 심란해진다.

> "세상은 날 미워했고, 나도 세상이 싫어졌다."
> "갑자기 슬퍼졌다.
> 내가 사랑해볼 수 없는 여자들과
> 내가 살아볼 수 없는 삶에…."

브래드는 자기 직업에 대한 회의와 상실감, 성공한 친구들과의 비교에서 오는 좌절감과 소외감으로 더욱 우울해진다. 아들의 성공을 기대하는 마음과 함께 엄습해오는 미래에 대한 불안감, 젊은 시절로 돌아갈 수 없다는 안타까움 등으로 표현되는 '중

년의 위기'를 맞은 것이다.

　하지만 성공한 것처럼 보이던 친구들의, SNS를 벗어난 실상을 알고는 그의 마음이 가벼워진다. 닉은 사생활에 문제가 많고, 큰 사업을 하는 제이슨은 소송에 걸려 감옥에 갈지 모른다고 한다. 미녀와 산다는 빌리는 알코올 중독 상태이고, 크레이그는 최악의 교수로 학생들 입에 오르내리고 있다고 한다.

　브래드가 아들의 친구들에게 자신의 삶은 실패했다며 자기처럼 살지 말라고 하자, 그들은 "친구들과 왜 경쟁을 해요? 충분히 성공했어요"라고 한다. 아들도 브래드에게 "사람들은 자기 자신만 생각하니까 그런 걱정은 안 해도 돼요. 아빠 생각하는 사람은 나뿐이니까. 아빠 사랑해!" 하며 위로한다. 그는 아들과 함께 참석한 음악회에서 아름다운 선율에 감동하여 눈물을 흘린다. 그리고 순수하고 열정적인 젊은이들의 말에 공감한 듯 외친다.

> "난 나를 추켜세우거나 비하하는 데
> 너무 많은 시간을 써버렸다."
> "난 아직도 세상을 사랑한다."
> "난 아직 살아 있다!"

　오늘날 개인 소셜 미디어는 주로 남에게 보여주고 싶고, 자랑하고 싶은 이미지로 가득하다. 그래서 이를 보는 사람들은 상대적인 열등감을 느낄 수 있다. 영화의 주인공 브래드도 그러하다.

그러나 이 영화는 말한다. 비록 힘든 상황이어도 세상에 살아 있다는 사실이 우리가 승리자인 것을 의미한다고. 중년에 이르기까지 힘들지 않은 적이 언제 있었으며, 주변을 둘러보면 힘들지 않은 사람이 어디 있으랴? 지나간 일은 이미 되돌릴 수 없는 것들이다.

아직 닥치지 않은 미래에 지나치게 불안해하는 것 또한 어리석은 일이다. '걱정한다고 걱정이 없어지면 걱정이 없겠네'라는 티벳 속담이 있다. '걱정의 79%는 일어나지 않는다'라는 연구 결과[7]도 있다고 한다. 겉보기에 행복한 것처럼 보이는 친구들도 알고 보면 공허한 삶을 살고 있을지 모른다. 어려운 상황에서도 늘 사랑하고 위로가 되는 가족과 친구들이 있지 않은가. 자식과 같은 젊은 친구들에게서도 삶의 지혜를 배워야 한다.

중년은 '나'를 발견하는 시기이다. 스위스 태생의 정신의학자이자 심리학자인 칼 융은 '중년은 다른 사람 아닌, 바로 자기 자신과 갈등을 빚는 시기'라고 했다. '나'란 존재는 지구상에서 하나밖에 없는 고유한 존재다. 내 삶을 남들과 비교하지 말고 타인의 평가에 휘둘리지 않아야 한다. 그래서 자신과의 갈등을 극복하고, '원숙한 삶'으로 가꾸어야 한다. 현재 상황에 단단히 뿌리박고 주어진 것에 감사하는 긍정적인 마인드로 살아가는 지혜가 필요하다고 이 영화는 말하고 있다.

---

7 영국 심리학자 리처드 와이즈만 박사의 연구 결과

— 숨 막히는 일상, 시대와 공간은 달라도 여인의 아픔은 같다 —

디 아워스

(The Hours, 감독: 스티븐 달드리, 2003, 미국) ⑫

이 영화는 다른 시대, 다른 공간에서 살아가는 세 여인의 이야기다. 그녀들의 이야기는 모두 영국 여류작가 버지니아 울프[8]의 소설『댈러웨이 부인』과 연결되어 있다. 영화 속 여주인공들인 버지니아는 새로운 소설을 구상하고, 로라는 그 소설을 읽고, 클라리사는 소설의 주인공인 댈러웨이 부인으로 불린다.

**영국 소설가
버지니아 울프 초상**

1941년 영국의 리치몬드. 정신분열증에 시달리고 있는 작가 버지니아 울프(니콜 키드만 분)는 런던 도심을 벗어난 호젓한 마을에 살고 있다. 두 번이나 자살을 시도한 적 있는 그녀는 남편의 헌신적인 보살핌을 받으면서 소설『댈러웨이 부인』을 구상한다. 그녀는 고민 끝에 소설의 첫 문장을 '댈러웨이 부인은 꽃을 직접

---

8   20세기에 활동한 영국 작가(1882~1941). 당대 가장 훌륭한 모더니즘 작가이자 의식의 흐름을 이용한 서술의 선구자로 여겨지고 있다. 주요 저서로는『댈러웨이 부인』(1925),『등대로』(1927),『자기만의 방』(1929) 등이 있다. 평생 동안 정신건강의 문제로 괴로워했고, 1941년 우즈 강에서 스스로 목숨을 끊었다. 그녀의 묘비에는 '죽음이여, 내 너에게 뛰어들리라. 패배하지 않고서, 굴복하지 않고서!'가 적혀 있다고 한다(출처: 네이버 지식백과).

사 와야겠다고 말했다.'로 결정한다.

1951년 미국의 로스앤젤레스. 둘째 아이를 임신 중인 가정주부 로라 브라운(줄리앤 무어 분)은 눈을 뜨자마자 소설 『댈러웨이부인』을 읽는다. 이날 생일을 맞은 남편은 이른 아침 꽃을 사 오고, 아침을 스스로 챙겨 먹은 후 출근한다. 남편의 출근을 배웅하는 그녀의 표정이 어둡다. 어린 아들에게 아빠의 생일 축하 케이크를 함께 굽자고 하지만, 아들의 표정은 시무룩하다.

2001년의 미국 뉴욕. '댈러웨이 부인'이라는 별명으로 불리는 출판 편집자 클라리사(메릴 스트립 분)는 옛 연인인 리처드(에드 해리스 분)의 문학상 수상을 기념하는 축하 파티를 준비한다. 그녀는 동거하는 여자 친구에게 "샐리, 꽃을 직접 사 와야겠어"라고 한다(버지니아의 소설 『댈러웨이 부인』의 첫 문장과 관련된다). 갖가지 꽃을 양동이째 사 와 집안을 장식한 후, 그녀는 리처드를 찾아가 파티에 꼭 참석해줄 것을 당부한다. 그러나 에이즈에 걸려 정신과 육신이 피폐해진 그는 냉소적인 말을 내뱉는다.

"침묵을 덮으려고 항상 파티를 열지.
누구를 위한 파티지?"

버지니아는 오후에 자기 집에서 런던에 사는 언니 가족과 함께 식사할 예정이다. 하지만 이를 잊은 듯 소설 구상에만 몰입한 그녀는 소설 속 댈러웨이 부인을 죽일 것인지 여부를 고심한다. 언니와의 식사를 마친 후에도 딴생각에 젖어 있던 그녀는 돌아가겠다는 언니에게 자기도 런던으로 가고 싶다고 충동적으로 말한다. 황급히 집을 빠져나온 그녀는 런던행 기차가 출발하는 역으로 달려간다. 남편이 뒤따라가 붙잡자, 그녀는 큰 소리로 외친다.

> "시골에 갇혀 있는데도 꾹 참았어.
> 난 내 인생을 뺏겼어요. 난 어둠 속에서 혼자 고통받아요.
> 이제 런던으로 돌아가요."

로라는 자상한 남편, 어린 아들과 함께 멋진 집에서 풍요롭고 평화로운 삶을 누리는 것처럼 보인다. 하지만 우울감과 권태감으로 가득한 얼굴의 그녀는 남편이 출근하자 약병을 챙겨 집을 나선다. 따라가겠다며 우는 아들(어린 리처드)를 이웃에 맡긴 채. 호텔 침대에 누운 그녀는 한참을 생각하더니, "못 하겠어" 하고는 집으로 돌아와 남편의 생일 축하 케이크를 만든다. 그날 밤 남편이 귀가하자, 조촐한 파티가 벌어진다. 낮 동안의 일을 모르는 남편은 와인 잔을 들고 행복감에 젖어 "늘 꿈꿨던 거야"라며 만족해한다. 그러나 로라는 화장실에서 혼자 숨을 죽이며 운다.

클라리사는 파티복 입는 것을 도와주러 오후에 다시 리처드를 방문한다. 그러나 안정제와 각성제를 함께 복용하여 정신 줄을 놓은 상태인 그는, "내겐 햇빛이 더 필요해. 나 파티에 못 가. … 이제 놔줘. 사랑해" 하고는 그녀가 보는 앞에서 창문 밖으로 뛰어내린다.

그날 밤 클라리사에게 한 노년의 여인이 찾아온다. 죽은 리처드의 엄마 로라다. 그녀는 과거에 자살을 포기하는 대신에 둘째 아이를 낳고는 집을 떠나겠다고 결심을 했고, 이를 실행했다고 클라리사에게 말한다. 리처드는 자신을 버린 엄마로 인한 상처를 평생 가슴 깊이 묻고 살아왔던 것이다. 로라는 회한에 젖어 그녀에게 말한다.

"엄마로선 가장 못할 짓이에요.
그럴 수밖에 없었어요.
죽음 속에서 난 삶을 택했어요."

버지니아가 강물에 스스로 몸을 던지는 장면으로 영화는 끝난다. 그녀는 남편에게 그동안 고마웠다는 말을 유서에 남겼다.
로라는 친구에게 소설 『댈러웨이 부인』의 내용을 소개한 적이 있다.

"아주 당당한 여자가 파티를 열어.
워낙 당당해서 잘 사는 것 같아도 사실은 아니지."

영화 속 세 여인의 삶이 그러했다. 나름 안정된 가정과 여유 있는 경제력, 남편들의 자상한 배려, 그리고 적당한 사회적 지위까지 갖춘 그녀들이다. 하지만 그녀들의 진정한 고뇌는 다른 곳에 있었다.

영화에는 '꽃'과 관련된 장면이 많이 나온다. 소설의 첫 구절도 그러하고, 실제 꽃을 사서 식탁과 집을 화려하게 장식한다. 그리고 세 여인 모두 이날 가족 모임 또는 파티를 준비한다. 이러한 '꽃'과 '파티'로 비쳐지는 외양적인 모습은 그녀들의 피폐해진 내면세계에 비춰보면 더욱 공허하게 느껴진다.

외나무다리를 걷는 여인들

그녀들과 가장 가까운 남자들은 그녀들의 아픔에 둔감했다. 버지니아의 남편은 아내를 헌신적으로 돌보지만 환자로만 대하고, 로라의 남편도 자상하기만 했지 아내의 진정한 아픔을 눈치채지 못했다. 엄마의 아픔을 알 수 없었던 리처드도 자신의 고통에만 집착한 채 클라리사의 손길마저 뿌리쳤다.

그녀들은 가족을 비롯한 주변의 이해와 공감을 얻지 못한 채, 수렁에서 빠져나오지 못했던 것이다. 영화는 세 여인에게 일어난 단 하루의 삶을 얘기하지만, 그 하루는 그녀들이 평생 지고 온 삶의 무게가 담긴 것이다. 영화 제목도 그 하루하루가 모인 '복수'의 시간들인 〈디 아워스(The Hours)〉이다.

비록 살아온 시대와 공간이 다른 그녀들이지만 비슷한 아픔을 겪었고, '죽음'이라는 문제에 직면하였다. 그녀들은 그 과정을 통해 진정한 자유를 얻을 수 있었을까? 미국 작가 마이클 커닝햄의 소설 『세월』(1998, The Hours)을 원작으로 한 이 영화는 제60회 골든 글로브 시상식에서 작품상과 여우주연상(니콜 키드만)을 수상했다.

— 40대 부부, 동화 속을 벗어나다 —

비포 미드나잇

(Before Midnight, 감독: 리처드 링클레이터, 2013, 미국) ⑱

41세의 성공한 작가 제시(에단 호크 분)는 아내 셀렌느(줄리 델피 분), 그리고 쌍둥이 딸과 함께 그리스의 아름다운 해변 마을에서 6주간의 휴가를 보낸다. 그리스의 작가 게스트하우스의 초청을 받은 것이다. 두 사람은 호젓한 시골길을 걸으며 18년 전 비엔나 행 기차에서의 달콤했던 첫 만남9을 회상하는 대화를 나눈다.

9　영화 〈비포 선라이즈〉(Before Sunrise, 감독: 리처드 링클레이터, 1995년)에서 두 남녀는 부다페스트를 출발하여 파리로 가는 기차에서 만나 서로에게 강한 이끌림을 느낀다. 집이 파리인 셀렌느는 제시의 제안에 따라 비엔나에 내려 하룻밤 데이트를 한다.

"오늘 기차에서 처음 봐도 내가 매력이 있을까?

지금 이 모습이? 나한테 말 걸고 내리자고 할 거야?"

"당연하지. 내가 한 일 중 제일 잘한 일이지."

| 그리스 산토리니 | 그리스 아테네 시가지, 파르테논 신전 |

휴가 마지막 날, 아이들을 이웃에 맡기고 호텔 방에 든 남녀는 진하게 키스한다. 낭만적인 밤으로 이어질 분위기다. 그러나 그 순간 제시의 아들로부터 걸려온 전화가 발단이 되어 두 사람의 일상적인 대화가 가벼운 말다툼으로 이어지더니 격렬한 말싸움으로 발전한다.

제시의 아들은 방학 동안 그리스에서 아빠와 함께 시간을 보내고 그날 미국으로 돌아가는 길이었다. 제시는 열네 살 아들을 알콜중독증이 있는 전처 곁에 남겨두게 된 것에 대해 죄책감을 느끼고 있다. 그래서 그는 아들과 보다 많은 시간을 보내고자 미국으로 이사하는 문제를 진지하게 고민하고 있다. 그러나 셀렌느는 그 아이를 좋아하나, 파리에서의 자기의 일과 미래를 버리고 미국으로 갈 수는 없다는 생각이다. 환경운동가인 그녀는 의욕적으로 추진하던 풍력발전사업이 막판에 불발되어 진로 문제로 고민 중이다.

흔히 그렇듯이 부부싸움의 발단은 사소한 문제에서 출발하더라도 다툼이 길어지면서 서로 말꼬리를 잡고, 감정이 격화되면서 큰 싸움으로 번지기 십상이다. 제시 부부가 다투는 이유는 단지 미국으로의 이사 문제만이 아니다. 평소 상대방의 무신경, 육아의 어려움과 가사 분담, 일과 미래에 대한 불안감 등이 뒤섞이면서 급기야는 불미스런 과거사까지 도마에 올린다.

말싸움이 좀처럼 끝나지 않고 평행선으로 이어지자, 셀렌느는 마침내 "더는 당신을 사랑하지 않아"라며 선언하고는 호텔 방을 나가고 만다. 예상치 못한 상황을 맞은 제시는 고민에 빠진다.

한참 후, 그는 해변에 홀로 앉아 있는 셀렌느에게 다가가 "아가씨 혼자 왔어요? 누구 기다리시나" 하며 말을 건넨다. 그녀가 "모르는 사람과는 얘기 않는다"라며 쌀쌀하게 대꾸하자, 제시는 능청스럽게 말을 잇는다.

"우린 1994년 여름에 이미 만나 아는 사이예요.
기차에서 만난 다정하고 로맨틱한 남자. 그게 나예요."

그리고 준비한 편지를 읽는다. 편지에는 자기반성과 함께 더 나은 미래를 기약하는 내용이 담겨 있다. 그래도 셀렌느의 굳은 표정이 쉽사리 풀리지 않자, 그는 편지를 내던지며 말한다.

"우리는 이미 소설 속 주인공이 아니고,

동화 속에 살 수 없어. …

근데 진정한 사랑을 원한다면 이게 맞아!

실제 삶이니깐 … 완벽하진 않지만 실제 삶이야."

이 영화는 링클레이터 감독의 '비포-' 시리즈 3부작(triology) 중 마지막 작품이다. 그 첫 번째인 〈비포 선라이즈〉(Before Sunrise, 1995년)가 청춘 남녀의 풋풋하고 아름다운 사랑과 낭만으로 가득한 작품이라면, 이어진 〈비포 선셋〉(Before Sunset, 2004년)에서는 파리에서 재회한, 성숙해진 두 사람의 설렘과 추억을 회상하는 안타까움을 느낄 수 있다. 그리고 마지막인 〈비포 미드나잇〉에는 세월의 흐름이 짙게 담겨 있다. 제시의 얼굴에는 굵은 주름이 생겼고, 수염은 한층 덥수룩해졌다. 싱그럽던 매력을 발산하던 셀렌느도 한결 굵어진 허리를 감출 수 없다.

외모의 변화보다 세월의 흐름을 더욱 크게 느낄 수 있는 것은 부부의 대화이다. 대화의 주된 내용이 '낭만이나 사랑, 또는 설렘'과는 거리가 먼, 가사와 육아 문제, 일에 대한 불안감, 미래에 대한 불확실성 등 중년 부부가 맞닥뜨리게 되는 현실적인 문제들이다.

대화 방식도 한층 거칠어졌다. 〈비포 선라이즈〉에서 두 사람의 첫 만남의 계기는 기차에서 벌어진 독일인 중년 부부의 시끄러운 말다툼이었다. 셀렌느가 그 소란을 피해 제시 옆자리로 옮기고 대화를 나눈 것이 만남의 시작이었다. 그런데 18년 뒤에는 본인들이 기차에서의 그 부부처럼 서로 소통이 되지 않아 전투를 치르는 것 같은 말다툼을 하게 된 것이다. 당시 셀렌느가 "커플이 나이가 들수록 상대의 얘기를 듣는 능력이 떨어진대요"라고 말했다.

영화의 마지막 부분에 제시가 읽어준 편지를 곰곰이 새기는 듯 침묵을 지키던 셀렌느가 시간이 흐른 뒤 나직이 그에게 속삭인다.

> **"당신 편지에서 최고의 밤이라고 한 게 오늘 밤일까?**
> **환상적인 밤이 기다리나 보지."**

이제 두 사람은 갈등을 봉합하고 다시 낭만적이고 아름다운 밤을 갖게 될 것으로 보인다. 불혹의 나이가 된 그들은 이제 동화 속을 벗어나, 완벽하지는 않지만 '실제의 삶'을 살고 있는 것이다.

'비포-' 시리즈가 특별한 건, 18년이라는 기간 동안 같은 감독과 배우들이 특별한 인연을 이어온 결과물[10]이라는 것이다. 20대부터 30대, 그리고 40대까지 세 편 영화의 주인공 '제시'와 '셀

---

10 링클레이터 감독이 연출한 영화 중 〈보이후드〉(2014)가 있다. 6살인 소년 메이슨과 그 가족이 12년 동안 겪는 소소한 삶의 장면들을 모은 인생 드라마다. 그 기간 동안 주인공과 주변 인물들이 겪는 만남과 헤어짐, 즐거움과 슬픔을 조용히 보여준다. 이 영화를 찍기 위해 제작진과 연기자, 그리고 스태프들은 매년 한 차례씩 12년 동안 모였다고 한다.

린느'를 연기한 에단 호크와 줄리 델피, 그리고 리처드 링클레이터 감독은 촬영뿐 아니라 각본 작업을 함께해왔다고 한다.

〈아버지의 초상〉
〈끝난 사람〉
〈폴링 다운〉

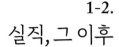

— 나의 일자리, 당신의 일자리 —

아버지의 초상

(The Measure Of A Man, 감독: 스테판 브리제, 2016, 프랑스) ⑫

티에리(뱅상 랭동 분)는 15개월째 구직 활동을 하고 있다. 고용노동센터에서 오랜 기간 교육 훈련을 받았지만 막상 취업 상담에 들어가니 현장 경험을 요구하여 무용지물이 되고 만다. 실업급여 만료일도 서서히 다가온다. 장애인 아들의 진학을 위한 교육비도 큰 걱정거리다. 해직 동료들과의 모임에서 회사를 상대로 소송하자는 얘기가 나왔다. 적자를 핑계로 구조 조정을 했지만 감사보고서에 의하면 사실 흑자였다는 것이다. 그는 "충분히 지쳤어. 결과는 달라지지 않아" 하고는 자리를 뜬다. 자본이 지배하는 사회질서에 도전하는 것은 무모하다고 느낀 것일까.

화상 면접을 보지만, 다루던 기계의 새로운 버전을 사용할 줄
모른다 하여 거부당한다. 답답한 마음에 찾은 재무설계사는 적
금을 해약하고 아파트를 팔아 장기전에 대비할 것을 권유한다.
하지만 앞으로 5년만 더 대출금을 갚으면 내 집이 된다는 기대
에 집을 팔 수 없다. 마음을 다잡고 다시 화상모의면접 교육을
받는다. 화상에 비친 그의 모습은 한층 초췌하고 무기력해 보인
다. 강사는 일하고 싶은 의지를 보여줘야 한다며 시선처리, 호감
을 주는 동작 등 비언어적 요소까지 지적한다.

티에라는 2년간의 노력 끝에 마침내 대형 마트의 보안요원으
로 채용되었다. 매장을 돌거나, 80여 대의 CCTV를 살펴 매장
물건을 훔치는 사람을 적발하는 것이 그의 임무다. 동료가 주의
를 준다.

"절도는 연령 또는 인종과 상관없어요.
누구나 도둑이 될 수 있어요."
"점장이 직원을 줄이려고 혈안이 되어 있어요.
그만두는 직원이 없어 해고할 구실을 찾고 있죠."

수습 기간이 종료되고 새 업무에 익숙해지면서 그의 생활도 점
차 안정되어간다. 신용이 회복되어 대출도 받고, 중고차도 되찾
았다. 직장에서는 매장에서 고기를 훔친 노인을 적발하여 규정에
따라 가차 없이 처리하는 등 자기 직분을 충실하게 수행한다.

대형 마트 감시 장비

그의 감시 대상에는 같은 직장의 매장 계산원들도 포함된다. 가격표를 제대로 찍는지를 눈여겨봐야 하는 것이다. 그러던 중 할인 쿠폰을 빼돌린 여점원이 적발되었다. 점장은 동료들의 보너스를 훔친 셈이라며 20년 이상 성실히 근무한 그녀를 해고한다. 얼마 후 그녀가 경제적 문제로 자살했다는 소식이 전해진다. 그녀의 장례식에 참석한 티에라의 얼굴이 어두워진다.

또 다른 계산대 여직원이 적발되었다. 포인트 카드가 없는 손님이 계산할 때 자기 카드를 대신 찍었다는 혐의다. 당사자가 부인하자, 적발한 직원이 "티에라도 봤어" 하며 그를 끌어들인다. 그러자 여직원은 "나를 보고하지는 않겠죠?"라며 애절한 눈빛으로 티에라를 바라본다. 그는 고개를 숙인 채 "모르겠구나" 하고는 탈의실에 들러 근무복을 벗은 후 마트를 떠난다.

가장으로서 가정을 지키고 장애인 아들을 돌보기 위해서 그는 천신만고 끝에 얻은 직장을 사수해야 한다. 직분상 잘못을 저지른 동료를 고발해야 하는데, 그 동료는 일자리를 잃을 수 있다. 도덕적 딜레마에 빠진 순간 그는 근무복을 벗고 일터를 떠났다. 그는 다음 날 직장에 복귀하여 여직원의 잘못을 상사에 보고하고 자기 일자리를 지킬 것인가?

이 영화의 프랑스판 원제목은 〈시장의 법칙〉이다. '세상의 모든 것을 좌지우지하는 것은 시장의 법칙'이라는 뜻이 담겨 있다. 국내 상영에서 〈아버지의 초상〉으로 제목을 바꾼 것은 이 시대를 살아가는 모든 아버지들도 영화의 주인공 처지가 될 수 있다는 뜻이 아닐까.

감독은 주인공 티에라를 제외하고는 출연진 전원을 비전문 배우들로 캐스팅하여, 누구나 겪을 수 있는 지극히 평범한 일상을 표현하고자 했다고 한다. 주인공 역으로 출연한 배우 뱅상 랭동은 섬세하면서도 절제된 연기로 제68회 칸영화제에서 남우주연상을 받았다.

— 끝난 사람 vs 시작하는 사람 —
끝난 사람
(Life in Overtime, 감독: 나카다 히데오, 2018, 일본) ⑫

63세로 정년퇴임을 맞은 날 오후 5시 정각, 타시로(타치 히로시 분)는 후배 직원들의 환송을 받으며 사무실을 떠난다. 일본의 일류 은행 자회사의 전무이사를 끝으로 퇴직하는 그는 본사 임원이 되지 못한 아쉬움이 크다. 그날 저녁 그동안의 노고를 위로한다며 성대한 만찬을 차린 아내 사쿠치(구로키 히토미 분)와 딸은 축하의 말을 건넨다.

> "이제 당신이 원하는 거 다 하고 살아요."
> "아빠, 연애라도 해요."

그날 밤, 타시로는 들뜬 마음에 아내에게 "지금까지 일 때문에 함께 시간도 못 보냈지. 이제부터 우리 즐겁게 살자. 다음 주에 온천이라도 갈까?"라고 제의한다. 그러나 아내는 4월은 미용실이 바쁘다며 "좀 한가해지는 여름에 같이 가줄게"라며 시큰둥하게 말하는 것이 아닌가. "가준다고?"라며 반문하는 그의 어깨 힘이 약간 빠지는 듯하다.

다음 날 아침, 출근 시간에 잠이 깬 타시로는 시계를 보고는 다시 눕는다. 아내가 출근하고 없는 집에서 소파에 기대어 TV를 시청하고 혼자 점심을 먹는다. 그날 퇴근 시간에 미용실을 나선 아내가 깜짝 놀란다. 남편이 차를 주차해놓고 기다리고 있는 것이다. 아내는 못마땅한 표정으로 "내일부터는 오지 마세요"라고 한다. 공원에 만개한 벚꽃을 구경하던 그가 "떨어진 벚꽃도, 남은 벚꽃도 다 지는 벚꽃"이라는 일본 격언을 감상조로 읊고, "모든 벚꽃은 지게 마련"이라며 덧붙이자, 아내가 걱정스런 표정을 짓는다.

평생 직장에 매여 일하느라 취미도 친구도 없는 그가 공원과 도서관에 가본다. 그곳에서 무기력해 보이는 많은 노인들이 멍하니 시간을 보내는 것을 보고는 발길을 돌린다. 엘리트 의식이 남아 있고, 기력이 여전하다고 스스로 자신하는 그는 '끝난 사람'이 되지 않겠다는 생각을 했을 것이다. 매일이 지겹고, 일하고 싶다고 하소연하는 그에게 아내는 짜증을 낸다.

> **"당신 얘기 듣고 싶지 않아.**
> **제발 현실을 받아들여요."**

기대 수준을 낮춰 작은 회사에 취업 원서를 내보지만, 명문대 출신인 그의 고학력이 오히려 걸림돌이 된다. 언젠가 기회가 올 것이라며 그때까지 공부해야겠다고 생각한 그는 지역 문화센터에 문학 강좌를 신청한다. 거기서 젊은 여성 쿠리(히로스에 료코 분)를 알게 되고, 그녀가 동향 사투리를 쓰는 것을 듣고는 반가워서 함께 식사를 하자고 제의한다.

어느 날 술 취한 그녀가 "연상에 포용력 있는 남성을 좋아한다"라고 하자, 그는 젊은이 옷차림에 몸 냄새 탈취제도 뿌리고 운동도 열심히 한다. 그녀와의 엉뚱한 로맨스를 꿈꿔보지만 손 한 번 잡아보지 못한 채 멀어진다. 이를 눈치챈 딸은 "아저씨는 그냥 밥 사주는 사람일 뿐이죠"라며 웃는다.

마침 헬스클럽에서 만난 IT 업계의 젊은 CEO가 그의 경력을 높이 산다며 회사의 고문으로 모시겠다고 하자, 그는 흔쾌히 승낙한다.

"내게 필요한 건 일이야.
나는 아직 끝나지 않았어."

재취업한 지 얼마 되지 않아 사장이 갑자기 죽자, 직원들의 요청으로 그는 뜻하지 않게 사장 자리에 오른다. 내심 바라던 바였다. 하지만 주요 거래처 회사가 부도나는 바람에 CEO인 그는 거액의 빚을 떠안게 되었다. 결국 아내와 빚 문제로 다툰 끝에 집을 나온 그는 캡슐 호텔을 전전하는 신세가 된다.

고등학교 친구들과의 자리에서 자신의 처지를 토로하며 신세 타령을 하는 그에게, 이미 비슷한 상황을 겪은 친구들이 위로의 말을 건넨다. 타시로는 비로소 잊고 있던 고향을 방문하여 어머니를 만나고, 아버지 묘소도 방문한다. 그러는 사이 그의 아내는 오랜 노력 끝에 자신의 미용실을 개업하였다. 그가 가족에게 부담 주기 싫다며 이혼을 제의하자, 아내는 '졸혼'[11] 얘기를 꺼낸다.

안정을 되찾은 그는 고향으로 내려가서 친구가 운영하는 비영리조직(NPO: Non Profit Organization) 일을 도우며 제2의 인생을 시작한다. 벚꽃이 활짝 핀 어느 날, 고향에서 일하는 그를 찾아온 아내가 염색을 해주겠다며 희끗희끗한 머리카락을 만져준다. 말없이 바라보던 부부는 환하게 웃으며 벚꽃이 화사하게 만개한 공원 길을 함께 걷는다.

고등학교 시절엔 럭비팀 주장으로 이름 날렸고, 일류 대학과 최고의 직장을 거친 타시로이지만 세월이 흘러 정년퇴직하였다. 친구도, 취미도 없이 살아온 그이기에 퇴직 후 마땅히 할 일도, 갈 곳도 없다. 더 일하고 싶다는 욕심과 미련 때문에 사장 자리에 올랐지만 빚만 떠안고 집을 나왔다. 자칫하면 누구나 퇴직 후 겪을 수 있는 과정이다. 그를 따뜻하게 맞아준 것은 고향과 친구들이고, 보수는 없지만 가치 있는 일, 그리고 가족이다. 그들의 도움으로 그는 새 삶을 준비할 수 있게 되었다.

"정년퇴임은 마치 생전 장례식 같다."

---

11 卒婚: 결혼을 졸업한다는 뜻으로, 혼인관계는 유지하되 상대방의 삶에 개입하지 않고 자신의 인생을 즐기는 삶

그가 과거에 한 말이다. 막 은퇴를 한 사람들은 누구나 자신이 이제 '끝났다'는 것을 받아들이기 쉽지 않을 것이다. 하지만 과거 익숙했던 삶으로부터 '끝난 사람'이 된 것을 빨리 인정하고, 새 삶을 '시작하는 사람'이 되는 준비를 서두르는 것이 좋지 않을까? 우리나라 대기업의 임원을 지낸 이가 퇴직 후 겪은 냉엄한 현실을 토로한 기사를 읽은 적이 있다.

"올라가는 데 30년, 내려올 땐 3초 걸렸어요.
직장인의 이력은 사회에선 일회용 소모품에 불과해요."

이 영화에는 비록 은퇴했지만 현직에서 이루지 못한 것에 대한 아쉬움, 아직 가슴 한편에 남아 있는 꿈과 야심, 세상으로부터 소외된 듯한 공허감, 젊음에 대한 열망, 그리고 달라진 부부 관계 등이 뒤엉킨 주인공의 심리가 잘 묘사되어 있다. 주인공은 이것들로부터의 진정한 독립, 즉 일 또는 명예, 엘리트 의식, 영원할 것 같았던 아내와의 사랑, 새로이 꿈꾼 허망한 사랑 등과 결별한 뒤에야 진정한 '홀로서기'를 할 수 있었다.

폴링 다운

(Falling Down, 감독: 조엘 슈마허, 1993, 미국) ⑱

딱히 잘못한 것도 없는데 주변의 모든 상황이 나를 힘들게 한다. 가족과 국가를 위해서 열심히 일했건만 세상은 나를 알아주지 않고 오히려 내친다. 아내가, 직장이, 사회가, 그리고 국가가 날 이렇게 만들었다는 생각마저 든다. 이 땅에 들어와 내 일자리를 뺏고 질서를 어지럽히면서도 책임을 다하지 않는 이방인들이 너무 많고, 거리에는 쓰레기 같은 인간들로 가득하다. 이들 때문에 내 삶이 더 엉망진창이 되었다. 이는 영화 〈폴링 다운〉에서의 디펜스(마이클 더글러스 분)의 생각이다. 하지만 이런 생각을 하는 사람이 디펜스뿐일까?

1991년 어느 무더운 여름날의 미국 로스앤젤레스, 실직 한 달째인 디펜스는 생일을 맞은 어린 딸에게 선물을 주고자 헤어진 아내의 집으로 향한다. 짧게 깎은 머리, 하얀 반소매 와이셔츠에 넥타이를 맨 단정한 차림[12]이다. 한낮의 태양은 이글거리고 도심으로 가는 도로는 꽉 막혔다. 에어컨이 고장 난 차 속은 뜨

---

[12] 그는 실직한 사실을 어머니에게 말하지 못하고, 매일 아침 넥타이 차림으로 집을 나선다.

거운 열기로 참을 수 없을 지경인데, 파리 한 마리가 앵앵거리며 얼굴을 맴돈다. 경적 소리가 쉴 새 없이 울리고, 공사 중인 도로의 빨간 지시등이 신경질적으로 깜빡인다. 보이고 들리는 모든 것들이 그의 목을 죈다.

참다못해 차에서 내린 그가 공중전화를 걸고자 동전을 바꾸러 가게에 들렀으나, 주인이 물건을 사지 않으면 바꿔줄 수 없다고 한다. 남의 나라에서 돈벌이하면서 엉터리 영어로 지껄이는 동양인(영화에서는 한국인)에 신경질이 확 돋는다. 콜라 값이 너무 비싸 바가지를 씌운다는 생각에 미친 그는 마침내 폭발하고 만다. 말다툼 끝에 자기를 강도인 양 의심하는 듯한 가게 주인을 쓰러뜨려 가슴을 짓밟고, 야구방망이로 가게를 마구 부순다.

"미국에 와서 돈 벌려면 말부터 배워."
"콜라 한 캔에 85센트 받는 네놈이 강도야."

마을 언덕에 오른 그에게 히스패닉계 청년들이 사유지를 지나가려면 통행료를 내라며 시비를 건다. "이 땅이 어째 너희들 것이냐"라며 청년들을 폭행한 탓에 그는 마을의 중남미 출신 갱들과 전투를 벌이게 된다. 그 과정에서 칼과 총기를 입수한다. 전처의 집으로 가는 길에서 창녀, 노숙자, 구걸하는 자들, 나치족, 동성애자들을 만난다.

그동안 성실하게 살아왔다고 자부해온 그는 이들이 세상을 어지럽히고 자기를 위기로 몰아넣은 존재들로 생각되어 분노가 치민다. 분노가 커짐에 따라 더 센 상대들과 부딪치고, 지닌 무기도 야구방망이에서 칼, 그리고 총으로 바뀐다. 시내에 비상령이 발동되어 경찰이 그를 추적한다. 그는 팔자 좋게 골프 치는 노인네들의 카트에 총질을 하고, 궁궐 같은 의사의 집에 난입하여 소동을 부린다. '분노조절장애'[13]를 겪고 있는 것처럼 보인다.

마침내 전처의 집에 도착하지만 경찰로부터 연락을 받은 아내와 딸은 이미 피신하고 없다. 집에 들어간 그는 몇 년 전 딸의 생일 VTR 영상을 보면서 과거 행복했던 시절을 잠시 회상한다. 그 사이 경찰이 출동하여 집을 포위한다. 디펜스는 자신을 설득하는 노형사와 맞서다가 그가 쏜 총에 맞아 바다로 '추락(falling down)'한다. 그는 절규하듯 외친다.

"내가 나쁜 놈이오? 어쩌다 이렇게 됐지?
난 뭐든지 시키는 대로 했소. 미국을 보호했어."

이 영화의 시대적 배경은 미국의 샐러리맨들이 대규모 구조조정에 휘말리던 1990년대 초반이다. 방위산업체에 근무했던 주인공은 냉전 완화 이후 회사의 구조조정으로 퇴직을 당했다. 가정 폭력으로 이혼을 당하고, 법원으로부터 가족 접근금지 처분도 받았다. 그는 출근할 직장도, 돌아갈 집도 없는 신세이다. 미

---

13 폭력이 동반될 수도 있는 분노의 폭발을 특징으로 하는 행동장애로, 종종 별로 중요하지 않은 사건에 의해서도 상황에 맞지 않게 분노를 폭발하는 증상을 특징으로 한다(출처: 서울대학교병원 의학정보).

국에서 아시아계, 히스패닉계 등 이민자들이 가장 많이 거주하는 LA에서 백인 중산층 남성이던 그가 졸지에 지역 내 소수자로 전락하게 된 것이다. 그는 한국인(또는 동양인)과 중남미인들을 자기 영역을 침범하고 자신을 쫓아낸 적으로 여겼을 것이다.

거인 앞에 선 존재

　자기에 대한 인식을 제대로 하지 못하는 사람은 잘못을 주변 탓으로 돌리는 경향이 강하다. 디펜스가 나락으로 추락하게 된 것도 문제의 원인을 자기 탓이 아닌, 남 또는 주변 상황의 탓으로 돌린 데 있다. 그는 남을 탓하기에 앞서 '자기 내면'을 깊이 성찰하고, 거기에서 나오는 진정한 소리에 귀를 기울여야 했다. 자신의 문제는 자기 안에서 그 원인을 찾을 수 있고, 자신만이 치유할 수 있기 때문이다.

　이 영화는 한국인을 부정적으로 묘사했다는 반발에 부딪쳐 국내 수입 후 3년이 지나 개봉되었다. 하지만 이 영화의 연출 의도는 인종차별이나 주인공의 단순한 일탈 행위를 묘사하기보다는, '다원화되고 복잡해진 사회에 적응하지 못한 미국 중산층 소시민의 방황과 분노를 표현한 데 있다'라고 봐야 할 것이다. 아울러 미국 사회에서의 인간 소외, 사회적 이질감의 심화, 이민자와 다인종 사회문제, 경제적·사회적 불평등 문제 등을 심도 있게 보여준다.

1-3.
중년의 이끌림, 사랑인가? 불륜인가?

〈매디슨 카운티의 다리〉
〈화양연화〉+〈외출〉
〈화장〉

— 중년에 불현듯 찾아온 이끌림 —

매디슨 카운티의 다리

(The Bridges Of Madison County, 감독: 클린트 이스트우드, 1995, 미국) ⑮

1965년 여름날, 프란체스카(메릴 스트립 분)의 남편과 두 아이는 나흘 동안 열리는 미국 일리노이주의 축산 박람회에 참가하러 집을 떠났다. 옥수수밭이 드넓게 펼쳐진 아이오와주의 한적한 시골에 사는 그녀는 남편과 아이들 뒷바라지에 지쳐 있다. 모처럼 한가롭게 차를 마시고 있는 그녀에게 사진작가 로버트(클린트 이스트우드 분)가 매디슨 카운티

영화 〈매디슨 카운티의 다리〉의
포스터

의 로즈먼 다리로 가는 길을 묻는다. 시간적 여유가 생긴 그녀가 찾는 길을 설명하는 것이 힘들다며 직접 안내에 나선다.

무심한 성격의 남편과는 달리 사려 깊고 여성을 배려하는 성격을 지닌, '자유로운 영혼'의 로버트에 그녀는 마음이 끌린다. 사진 촬영 후, 한잔의 차로 시작된 두 사람의 대화는 저녁 식사와 술로 이어진다. 밤이 깊어지면서 함께 산책을 하고, 예이츠의 시도 읊으면서, 그녀는 젊은 시절의 감성이 다시 깨어나는 것을 느낀다. 가정을 위해 교사직을 그만둔 그녀의 가슴속엔 꿈을 접은 아쉬움과 허전함이 남아 있었던 것이다. 밤늦게 떠나며 남긴 로버트의 말이 그녀의 마음을 다시 한번 흔든다.

> *"자신을 속이지 말아요.*
> *당신은 단순한 여자가 아니오."*

이 말이 그녀의 내면 깊숙이 숨겨져 있던 감성을 자극한 탓일까? 다음 날에는 그녀가 더 적극적이다. 가슴골이 드러나는 새 드레스를 사 입고, '저녁 식사를 또 하고 싶으면, 흰 나방이 날갯짓을 할 때 일을 마치고 저녁에 오세요. 언제라도 좋아요'라는 쪽지로 저녁 약속을 제안한다. 훗날 그녀는 딸에게 남긴 유언장에서 그날 입은 드레스가 자신의 웨딩드레스 같은 것이라고 했다. 저녁 식사 후 두 사람은 춤을 추다가 그만 선을 넘고 만다. 때늦은 사랑의 소용돌이에 빠진 남녀는 다음 날 카운티를 벗어나 다른 지역의 클럽에서 술과 음악, 춤을 즐긴다.

영화 〈매디슨 카운티의 다리〉의 스틸 컷

나흘 간의 촬영이 끝나 떠나기로 예정된 전날 밤, 로버트는 그
녀에게 함께 떠날 것을 간절히 요구한다.

"내가 사진을 찍으며 살아온 것,
내 인생 전부를 통해서 당신을 만나러 이곳에 온 거요."
"이러한 확실한 감정은 일생에 단 한 번 오는 거요."

그러나 한참을 고민한 그녀는 남편과 아이들 생각에 그럴 수
없다고 한다.

"이런 사랑이 찾아올 줄은 정말 꿈에도 몰랐어요."
"(만약 떠나게 되면) 지난 나흘의 아름다운 기억들까지도
모두 실수로 느껴질지도 몰라요."

"그냥 이 마음속에 우리를 간직하고 싶어요.
당신을 영원히 사랑하면서."

    가족이 돌아오자 그녀는 아무 일 없었다는 듯이 일상으로 돌아가 집안일을 하며 버틴다. 며칠 뒤, 남편과 시내로 쇼핑을 간 그녀는 저만치 떨어진 곳에서 로버트가 비를 맞으며 애절한 눈빛으로 자기를 바라보고 있는 것을 발견한다. "마음이 변할지 모르니 시내에서 며칠 더 기다리겠다"라고 했던 그의 말을 기억한 그녀는 차 문 손잡이를 쥐고는 열 듯 말 듯 갈등한다. 그러다 결국 남편이 운전하는 차를 타고 떠난다. 고개를 숙인 채 몰래 흘리는 그녀의 눈물을 남편은 알아채지 못한다.

    남편과 사별한 지 3년이 지난 어느 날, 그녀에게 소포가 배달된다. 거기에는 로즈먼 다리 사진이 실린 잡지와 카메라, 그녀가 정표로 줬던 팔찌와 목걸이가 들어 있다. 잡지 표지에는 '나흘간의 기억'이라는 제목이 붙어 있다.

    세월이 흘러 그녀 역시 세상을 떠났다. 그런데 부부 묏자리가 오래전에 마련되어 있는데도, 그녀는 죽으면 화장해서 로즈먼 다리에 뿌려달라는 유언을 자식에게 남겼다. 이유를 알 수 없었던 아들딸은 어머니의 유품을 정리하던 중 발견한 일기에서 로버트와의 나흘간의 사랑 이야기를 알게 된다. 그녀가 남긴 일기에는 로버트를 향한 마음과 사랑에 대한 진심이 담겨 있었다.

        '평생 동안 가족에게 충실했으니,

죽어서는 로버트를 택하겠다.'
'사랑은 예정된 것이 아니고 알 수 없으며
그에 따른 신비함은 순수하고
절대적이란 것을 깨달았다.'

사진작가인 로버트는 세상을 떠돌며 명소를 촬영하는 노매드(nomad)[14]이고, 프란체스카는 농사짓는 남편과 함께 대지에 뿌리를 내리고 사는 농경인(農耕人)이다. 전혀 이질적인 세계에 사는 만큼 끌렸을 수도 있는 두 사람이지만, 낯선 세계와의 융합이 오히려 두려웠을 수도 있었으리라.

사랑 얘기라면 청춘 남녀의 애틋한 사랑이 먼저 떠오른다. 그러나 이 영화가 전 세계적으로 흥행에 성공을 거둔 것을 보면, 많은 중년들에게 채 식지 않은 사랑에 대한 열망이 여전히 크다는 것을 짐작할 수 있다. 중년의 '바람'은 그 시기에 겪을 수 있는, 복잡하고도 혼란스러운 자신을 잊게 해줄 강력한 유혹이라는 지적이 있다.

중년에 불현듯 찾아온 두 남녀의 만남은 진정한 사랑인가? 아니면 불륜에 불과한 것인가? 시인 정수아는 '중년의 사랑은 / 잠시 / 바람처럼 왔다가는 / 먼지처럼 사라지는 것'이라고 했다.

이 영화는 유부녀를 주인공으로 한 탓에 '불륜을 미화'한 작품

---

[14] 특정한 가치와 삶의 방식에 얽매이지 않고 끊임없이 자기 자신을 바꾸어 나가며 창조적으로 사는 인간형(출처: 국어사전)

이라며 못마땅해한 사람들이 많았고, 특히 불륜극이 촬영된 곳이라며 매디슨 카운티의 다리와 프란체스카의 집을 불태워버린 특정 종교 광신도들도 있었다고 한다. 이 영화의 원작은 미국 작가 로버트 제임스 월러가 쓴, 실화를 바탕으로 한 동명의 소설 (1992년 작)이다. 이 소설은 미국 뉴욕 타임스 베스트셀러로 37주 동안 1위를 했다고 한다.

— 배우자의 불륜, 당신이라면? —

화양연화

(花樣年華, 감독: 왕가위, 2000, 홍콩) ⑮

외출

(감독: 허진호, 2005, 한국) ⑱

일평생 사랑을 약속한 배우자의 불륜을 알게 되면 사람들은 깨어진 신뢰에 낙담하고, 배신에 분노할 것이다. 상대에 대한 원망을 평생 가슴에 담고 살면서 복수 차원에서 '맞바람'을 피우거나, 끝내 결별에 이르는 경우도 많을 것이다. 영화 〈화양연화〉와 〈외출〉 속 남녀 주인공은 어떠한 길을 걷나? 당신이라면 어떻게 대응할 것인가?

1962년 홍콩, 같은 날 같은 아파트로 이사 온 차우(양조위 분)와

수리첸(장만옥 분) 두 남녀는 자주 마주친다. 수시로 '혼밥' 신세인 두 사람은 국수를 사러 오가는 길에 만나 미소로 인사를 하다가 안부를 묻는 사이로 발전한다. 항상 정장 차림에 무스로 머리를 단정히 한 차우는 신문사에서, 머리를 올리고 늘 목까지 올라오는 치파오[15] 차림인 수리첸은 무역회사에서 근무한다.

어느 날 차우는 야근한다는 아내를 만나러 가지만, 이미 퇴근하고 자리에 없다. 다른 남자와 함께 있는 아내를 봤다는 직장 동료의 귀띔도 있었다. 수리첸도 남편의 잦은 일본 출장을 의심한다. 차우는 그녀의 핸드백이 아내의 것과 같다는 것을, 그녀도 그의 넥타이가 남편의 것과 같은 것임을 알게 된다. 그것들은 홍콩에서 살 수 없는 일본 제품들이다. 두 사람은 배우자들이 불륜 관계에 있음을 알게 된다.

배우자들 간의 관계를 궁금해하고, 이를 염려하게 된 두 사람은 대화를 나누면서 서로에게 호감을 느낀다. 동병상련의 심정일까? 수리첸은 차우가 아플 때 참깨죽을 끓여 가고, 그가 소설을 쓸 때 아이디어를 제공하기도 한다. 수리첸이 차우의 집을 잠깐 방문한 날, 앞집 사람들이 마작으로 밤을 새운 관계로 그녀가 다음 날 아침까지 그의 집에 갇히게 된다(그날도 두 사람의 배우자들은 일본 출장 중이다). 침대가 놓인 방에서 남녀가 하룻밤을 보내게 되었지만, 그녀는 "우린 그들과 달라요. 절대 잘못돼선 안 돼요"라며 치파오 옷자락을 단정하게 가다듬는다. 그러나 두 사람

---

15 중국 전통 의상으로, 몸에 꽉 끼는 원피스 스타일

의 만남은 더 이상 비밀이 될 수 없어, 주변 사람들 사이에 소문이 무성하다.

그러던 어느 날, 차우는 수리첸에게 싱가폴로 전출 가겠노라고 말한다.

> "처음에는 그런 감정이 아니었는데,
> 당신을 사랑하게 되었어요.
> 당신을 위해서라도 내가 떠나야 해요."

그는 떠나기에 앞서 "티켓이 한 장 더 있다면… 나와 같이 가겠소?"라고 묻는다. 그가 떠난 후, 황급히 그의 방을 찾은 그녀는 "내게 자리가 있다면… 내게로 올 건가요?" 하며 안타까워한다.

1966년 홍콩, 옛날 집을 방문한 수리첸은 창밖 건너편 집을 바라보며 조용히 눈물을 흘린다. 얼마 후 차우도 홍콩을 방문하여 예전 집에 살고 있는 남자에게 앞집 소식을 묻자, 남자는 "애 딸린 여자가 혼자 살고 있죠"라고 한다. 얼마 후 그 집에서 수리첸이 아이를 데리고 나서는 모습이 보인다.

같은 해 캄보디아, 천년의 유적지 앙코르와트에서 차우는 돌기둥에 난 구멍 속으로 뭔가를 한참 얘기하고는 진흙으로 입구를 막아버린다.

> "옛날엔 감추고 싶은 비밀이 있다면
> 나무에 구멍을 파고는 비밀을 속삭인 후

진흙으로 봉했다죠.
비밀은 영원히 가슴에 묻고."

캄보디아 씨엠립 앙코르와트

차우는 그 구멍에 수리첸과의 사연을 속삭인 후 봉했을 터이
다. 두 사람의 얘기는 천년 유적에 묻힌 영원한 비밀이 된 동시
에, 천년 세월에 이어질 새로운 전설이 된 것일까.

절절한 가슴앓이를 하면서도 끝내 함께하지 못한 두 사람의
아픔을 왕가위 감독은 특유의 스타일리시(stylish)한 색감과 영상
으로 아름답게 담았다. 과잉 감정을 배제한 절제의 미학 또한 뛰
어나다. 영화에 흐르는 분위기 넘치는 음악, 매혹적인 색감 또한

유려한 영상과 잘 어울린다.

영화에서 여주인공 역의 장만옥은 20여 벌의 고혹적인 치파오를 입었다. 치파오의 아름답고 화려한 색감은 가슴 아린 사연과 대비되면서 아픔이 배가된다. 화양연화는 '인생의 가장 아름다운 때'를 뜻한다. 감독은 화양연화에 대해 '여인은 사랑할 때 가장 아름답고, 그것은 곧 홍콩이 가장 아름답던 시절을 뜻한다'라고 말했다 한다. 영화평론가 이동진은 '〈화양연화〉는 스쳐 지나가는 삶의 섬광 같은 찰나를 가장 아프고 아름답게 잡아낸 영화'라고 평했다.

배우자들의 불륜으로 어쩌면 가장 불행했을 시기였겠지만, 애틋하면서도 은밀하게, 그러나 가슴 뜨겁게 사랑했던 그 시절이 두 사람에게는 진정한 '화양연화'라 할 수 있으리라. 이 영화는 영국의 BBC방송이 2016년에 선정한 '21세기 세계 영화 100선' 중 2위를 차지했다.

〈화양연화〉에서 두 사람이 만나게 된 계기는 배우자들의 '불륜'이다. 이처럼 배우자들의 불륜이 계기가 되어 만나게 된 남녀 간의 사랑 얘기를 다룬 영화에 〈외출〉(감독: 허진호, 2005, 한국)이 있다. 같은 차에 동승한 남녀가 사고를 당하여 같은 병원 중환자실에 입원하자, 그들의 배우자들(배용준, 손예진 분)이 달려온다.

간병을 위해 그곳에 머문 두 사람은 배우자들의 '불륜'을 알고는 배신에 괴로워한다. 의식불명이 된 배우자들을 간병하면서 두 사람은 조금씩 서로의 존재를 느끼며, 서서히 상대방에 끌리

게 된다. 〈화양연화〉와 다른 점은, 시간이 흐름에 따라 두 사람
은 적극적인 애정 관계를 맺는다는 것이다. 두 사람은 헛헛한 마
음에 농담을 나눈다. 두 사람의 대화는 나중에 현실화되지만 이
는 또 다른 아픔을 가져온다.

> "(당신 아내가) 깨어나면 어떡할 거예요?"
> "우리 사귈래요? (깨어난) 둘이 기절하게."

― 화장(化粧) vs 화장(火葬), 소생 vs 소멸 ―

화장

(Revivre, 감독: 임권택, 2015, 한국) ⑱

50대 중반인 오정석(안성기 분)은 화장품 회사의 상무이다. 그
는 회사에서 개발한 화장품이 여인들의 선택을 받을 수 있도록
유혹하는 마케팅 업무를 담당하고 있다. 중요 자리인 만큼 직원
들은 끊임없이 결재 문서를 내민다. 전립선 비대증을 심하게 앓
고 있는 그는 수시로 병원을 찾는다.

그의 아내(김호정 분)는 뇌종양으로 재수술을 받고 입원해 있
다. 수술을 위해 삭발하고, 오랜 투병 생활로 몸이 쭉정이처럼
메마른 아내는 고통스러워하며 "내가 죽었으면 좋겠지"라는 말
을 수시로 내뱉는다. 그는 회사 일을 마치면 병실로 달려가 아

내의 기저귀를 갈아주고, 아내가 잠들면 소주를 몇 모금 마신 후 쪽잠에 드는 생활을 반복하고 있다.

한 신입 여사원이 오 상무의 눈에 들어온다. 훤칠한 키, 동그란 어깨 위로 흘러내린 생머리, 예쁜 얼굴에 건강미 넘치는 젊은 여성, 추은주(김규리 분)다. 생동감이 넘치는 그녀에게 오 상무의 눈길이 자주, 그리고 오래 머문다. 아내 간병과 회사 임원으로서의 고된 업무에 지친 그는 그녀를 지켜보는 것만으로도 힘든 상황을 잠시 잊고 위안을 받는 것처럼 보인다.

'아, 살아 있는 것은 저렇게
확실하고 가득 찬 것이구나.'[16]

부서 회식 날, 그는 춤추는 은주의 모습을 곁눈질로 지켜본다. 발레 공연을 관람한 날에는 춤추는 발레리나들 중에서 그녀를 찾는 꿈을 꾼다. 어쩌다 힘들게 아내와 관계를 가질 때, 그녀의 얼굴과 벗은 몸이 눈앞에 아른거린다. 어느 날 은주가 결혼한다며 청첩장을 내민다. 애써 담담한 표정으로 축하 인사를 건네는 오 상무. 그러나 그녀의 결혼 약속은 깨지고 만다.

4년 동안의 힘든 투병 끝에 그의 아내가 사망했다. 딸은 아버지에게 "엄마 사랑한 적 있어?"라며 묻고, 처제는 언니를 화장(火

---

16 이 영화의 원작인 소설 「화장」(김훈 저, 2003)에서

葬)하는 것은 너무 잔인하다며 불만을 토로한다. 심신이 극도로 지친 그는 제대로 대꾸를 하지 못한다.

　파혼의 충격이 컸던지 은주가 다른 회사로 옮기겠다고 한다. 그가 추천서를 써주고 지인을 통해 도와준 탓에, 그녀는 원하는 회사에 합격하여 중국 지사로 떠나게 되었다. 만나서 이별 인사를 하고 싶다는 은주의 문자가 도착한 순간, 그는 아내의 유품을 태우면서 은주와 업무상 주고받았던 문자들을 하나둘 지운다. 은주가 별장으로 찾아온 그 시각, 그는 집을 나서 시골길을 걷는다. 그의 곁으로 그녀의 차가 무심코 지나간다. 다음 날 회사로 복귀한 그는 다시 바쁜 일상으로 복귀한다.

　이 영화는 육체를 불태워 소멸시키는 화장(火葬)과 육체를 더욱 아름답게 꾸미는 화장(化粧)을 동시에 제시한다. 그리고 그 틈에 끼인 오 상무라는 인물을 통해 고단한 삶의 무게와 채 식지 않은 욕망이 뒤섞인 중년의 내면을 보여준다. 한글로는 같은 단어인 '화장'에는 소멸과 소생, 늙음과 젊음, 죽음과 삶이 함께 담겨 있다. 그의 아내는 화장(火葬)을 통해 소멸하고, 은주는 화장(化粧)을 통해 더욱 아름답게 소생한다. 그도 노년의 길목 지점인 중년의 단계에서 심각한 육체적 소멸(전립성 비대증) 과정을 겪고 있다.

화장(火葬) ▶

▼ 화장(化粧)

　곁에 머물던 두 여인은 그를 떠났다. 아내는 저세상으로, 은주는 먼 나라로…. 이 영화의 외국어 제목인 〈Revivre〉는 프랑스어로 '다시 살아나다', '소생하다'라는 뜻이다. 두 여인을 모두 떠나보낸 오 상무는 중년에 맞이하게 된 '몸'과 '마음'의 위기를 딛고 과연 소생할 수 있을까?

　이 영화를 연출한 임권택 감독은 "〈화장〉은 마음에 있는 빛깔이나 생각, 욕심, 꿈 등 '마음 밖으로 드러내지 못했던 것'을 그린 영화"라고 밝혔다. 중년에서 노년으로 넘어갈수록 마음에 있는 것들을 쉽사리 밖으로 드러내기 어렵다. 스스로의 한계를 잘 알고, 다른 사람들 특히 젊은이들로부터 곱지 않은 눈총을 받을까봐, 그리고 속절없이 흐르는 세월 앞에 모든 것이 부질없다는 생각에….

　〈화장〉은 2015년 제51회 백상예술대상에서 작품상을 받았다.

원작은 제28회 이상문학상 대상을 수상(2004년)한 김훈 작가의 동명 소설 「화장」이다. 이 소설은 '모든 소멸해가는 것들과 소생하는 것들 사이에서 삶의 무거움과 가벼움을 동시에 느끼며 살아가는 인간 존재에 대한 심오한 성찰이자 탁월한 묘사'라는 평가(김성곤, 문학 및 영화평론가)를 받았다. 영화에도 똑같이 적용될 수 있는 평이다.

힘내라! 중년

〈쉘 위 댄스〉
〈즐거운 인생〉
〈체리 향기〉

— 춤추는 나, 매일매일 살아 있다 —

쉘 위 댄스?

(Shall We Dance?, 감독: 수오 마사유키, 1996, 일본) ⑫

"스물여덟 살에 결혼해, 서른에 아이를 낳고,

마흔을 넘어선 꿈이었던 집을 장만했죠.

그것을 위해 전력투구했어요.

행복한 인생이라고 생각했죠.

그런데 집을 마련한 뒤부터 뭔가 달라졌어요.

아내에게 불만 있는 것도,

애가 속 썩이는 것도 아닌데

뭔가 변했어요."

스기야마(야쿠쇼 코지 분)가 토로한 내용으로, 많은 중년 남자들
이 공감할 수 있는 내용이다. 권태감과 상실감에 빠진 그는 과연
이 위기를 어떻게 벗어날 수 있을 것인가?

기업체 경리과장인 스기야마는 회사에서 출세가도에 접어들
어 입사 동기생들의 부러움을 사고 있다. 가정적으로도 극히 성
실하여 그의 아내는 "가끔 취해서 올 때도 있어야지"라고 할 정
도다. 그러나 그는 안정적인 생활과는 달리 일상적으로 반복되
는 삶에 권태감을 짙게 느끼고 있다.

어느 날 스기야마는 퇴근길에 전철 유리창을 통해 우연히 한
여인을 본다. 댄스학원 창가에서 먼 곳을 바라보는, 우수에 잠긴
듯한 모습의 마이(쿠사카리 타미요 분)가 눈에 들어온 것이다. 불현
듯 그녀에 이끌린 그는 생소한 사교댄스[17] 세계에 발을 내딛는
다. 당시 남녀가 밀착해야만 출 수 있는 사교댄스에 대한 편견이
강해, 이를 배우는 것이 알려지면 변태 취급을 당하거나 플레이
보이로 낙인찍힐 우려가 컸다. 학원에서 나이 든 여강사와 스텝
을 밟으면서도 그의 눈길은 계속 마이를 향한다.

어느 날, 그는 용기를 내어 마이에게 저녁 식사를 제의하지만,
"저 때문에 학원에 오시면 곤란합니다"라며 거절당한다. 그러나
전철 승강장에서 혼자 스텝 연습을 하는 그를 목격한 그녀는 댄

---

[17] 사교댄스(ballroom dance)는 의식과 무대용이 아닌 일반인이 남녀 쌍으로 악곡에 맞춰
자유롭게 둘이서 즐기는 댄스이다(출처: 위키백과).

스에 대한 그의 열정을 이해하게 된다. "댄스는 스텝이 아니에요. 음악을 몸으로 느껴서 마음으로 춤추면 되는 거예요"라며 그를 직접 지도한다.

그녀는 오랜 전통과 세계 최고 수준을 자랑하는 댄스 스포츠 대회인 영국의 블랙풀(Blackpool) 댄스 페스티벌[18]에 나가 준결승전에까지 올라간 적이 있다. 그 대회에서 남자 파트너가 실수로 그녀의 댄스복을 밟아 꿈이 좌절된 아픔이 있다. 그날 남자 파트너는 그녀를 끝까지 지켜주지 않았다.

한편, 수요일마다 귀가가 늦고 와이셔츠에서 풍기는 향수 냄새 때문에 남편을 의심하게 된 그의 아내는 탐정 사무소에 의뢰해 사실을 알게 되지만 모른 체한다. 교습 초기에는 파트너의 발을 밟는 게 다반사였으나, 특유의 성실성에 마이가 지도하는 별도의 연습이 더해져 댄스 대회에 나갈 정도로 그의 실력이 향상되었다. 그는 댄스의 즐거움에 푹 빠져, 집과 사무실에서 활력을 되찾게 되어 늘 즐거운 마음이다.

> "매일매일 살아 있구나 하는 느낌이에요."

---

18 1920년부터 영국의 블랙풀에서 개최하는 세계 최고의 댄스 스포츠 대회

쉘 위 댄스?

댄스 경연대회 날, 화려한 복장을 갖춰 입은 선남선녀들이 우아하게 춤을 춘다. 파트너와 왈츠를 만족스럽게 마친 후 룸바 춤을 추던 스기야마는, 관중석에서 "아빠"라 부르며 응원하는 딸과 아내의 모습을 본다. 가족이 온 줄 몰랐던 그는 놀란 나머지 옆 팀과 부딪쳐 파트너의 드레스를 밟고 만다. 대회가 잠시 중단되는 와중에 그는 쓰러진 파트너를 끝까지 지켜준다.

그날 저녁 아내는 그에게 "당신은 활기에 넘쳤어요. 하지만 댄스라 해도 바람이란 생각이 들어 왠지 분해요"라며 솔직한 감정을 털어놓는다. 그는 "바람이 아니라 진심이었어" 하며, 이제 댄스는 더 이상 하지 않겠다고 한다.

다시 일상으로 돌아간 스기야마에게 마이가 영국의 블랙풀로 곧 떠날 계획이고, 그녀를 위한 송별 댄스 파티가 개최된다는 전

같이 온다. 그녀가 보낸 초대 편지에는 쓰러진 파트너를 끝까지 지키려 한 것이 너무 좋았다는 내용과 함께 '상대를 신뢰하며 추는 아름다움, 춤추는 즐거움을 느끼게 해준 스기야마 씨에게 감사함을 전하고 싶습니다'라고 적혀 있다. 그녀는 그동안 외면하고 있었던 댄스에 대한 꿈과 열정을 그를 통해 되찾은 것이다. 망설이는 그에게 아내는 댄스복을 챙겨주며 파티에 갈 것을 적극 권한다.

그는 거리를 배회하다가 집으로 가는 전철에서 습관적으로 댄스 교습소의 창을 바라본다. 창에 'Shall We Dance? 스기야마 씨'라는 글귀가 적혀 있는 것이 아닌가. 그는 부랴부랴 댄스홀로 달려간다. 송별회의 마지막 순서는 주인공인 마이가 함께 춤출 파트너를 직접 지명하는 것이다. 그녀는 막 입장하는 스기야마에게 "쉘 위 댄스(Shall We Dance)?"라며 손을 내민다.

가정과 일밖에 모르던 중년의 남자가 인생의 목표를 어느 정도 이루었다고 생각한 순간 권태감과 공허감에 빠진다. 그는 아름다운 여인에 이끌려 낯선 분야인 사교댄스를 시작한다. 댄스는 단순한 취미생활을 넘어 삶에 대한 의욕과 활력, 그리고 인간에 대한 신뢰감을 불어넣어주며 마침내 그에게 자신만의 삶을 찾아가는 길을 제시하였다.

〈쉘 위 댄스〉는 2004년 미국에서 같은 제명의 영화로 리메이크(remake)되었는데, 리처드 기어와 제니퍼 로페즈가 주연을 맡았다. 이 영화는 일본과 미국에서 흥행에 크게 성공하였는데, 이는 일상에서 중년들의 흔들림과 그것으로부터 탈출하고픈 마음이 세계적 현상이라는 점을 말하는 것이 아닐까.

— '사화산'인 그들이 '활화산'으로 부활하다 —
즐거운 인생
(The Happy Life, 감독: 이준익, 2007, 한국) 전체

40대 중반의 세 남자가 있다. 기영(정진영 분)은 조기 퇴직 후, 퇴직금으로 주식투자를 했다가 실패하고 교사인 아내에게 얹혀 살고 있다. 성욱(김윤석 분) 역시 조기 퇴직 후, 공부 잘하는 아들의 비싼 학원비를 대느라 낮에는 택배, 밤에는 대리운전으로 힘든 나날을 보내고 있다. 중고 자동차 매장을 운영하는 혁수(김상호 분)는 아내와 아들을 캐나다로 유학 보낸 '기러기 아빠'다. 그들은 대학 시절 락그룹 '활화산' 밴드로 활동했으나, 대학가요제 예선에서 세 번 탈락한 후 음악과는 담쌓고 지냈다.

세 친구는 밴드의 리더이자 보컬이었던 친구 상우의 부고를 받고 10여 년 만에 장례식장에서 만난다. 일찍 저세상으로 떠난 친구 생각에 그랬을까? 그들은 밴드를 재결성하자며 뜻을 모으지만 현실은 냉랭하다. 아내 눈치를 봐야 하는 기영, "먹고살기 힘든데 뭔 밴드냐"라며 소극적인 성욱, 가족에게 유학 자금과 생활비를 계속 보내야 하는 혁수. 게다가 마땅한 보컬도 없다. 하지만 음악에 대한 불붙은 열정은 우여곡절 끝에 그들을 뭉치게 했다.

거리 악사

대학가 유료 음악연습실에서 기타와 베이스, 드럼으로 밴드 활화산의 예전 대표곡 '터질 거야'를 연주하는 그들의 의욕은 높았다. '언젠가는 터질 거야. 불타는 나의 삶은…'을 열정적으로 부른다. 연습실에서, 일터에서 연습을 거듭한 후 밤업소에서 오디션을 보지만 퇴짜를 당한다. 그들은 굴하지 않고 한 걸음 더 나아간다. 메인 보컬 자리에 죽은 상우의 아들인 현준(장근석 분)을 영입한다. 악기도 새로 마련하고, 옷차림과 머리도 젊은이 스타일로 하며, 팔에 타투까지 한다. 4인조로 완전체가 된 밴드가 20년 만에 공연을 하자, 청중들은 열광하고 '오빠!'라는 함성도 들린다.

그러나 가정적으로는 어려움의 연속이다. 기영의 아내는 "마누라에게 얹혀살다가 죽을래?" 하면서 바람난 것 아니냐며 의심을 한다. 성욱의 아내는 남편과 말다툼 끝에 집을 나간다.

"당신 그거 왜 해?"
"하고 싶으니까."
"난 뭐 하고 싶은 게 없어서
이러고 사는 줄 알아?"
"하고 싶은 거 있으면 하고 살아.
애들이 다야?"

더 큰 문제가 생긴 것은 혁수다. 방학이 되어도 아이들 학원 때문에 한국에 못 오겠다 하던 아내가 갑자기 '이혼하자' 한 것이다. 그는 캐나다에 가서 가족과 살겠다며 짐을 싸지만, 아내가 거듭 오지 말라고 한다. "당신 남자 생겼어?"라고 물은 그는 결국 출국을 포기한다.

음악을 향한 그들의 열정은 높아진다. 상우가 유작으로 남긴 곡에 기영이 가사를 붙여 '즐거운 인생'이란 새로운 노래를 만들었다. 혁수의 자동차 판매장을 'Live Club 활화산 조개구이집'으로 바꾸고, 무대와 조명을 설치한다. 클럽 조개구이집 개장 첫날, 활화산 밴드의 공연이 시작되고 사람들이 모여든다. 청중들 가운데 기영의 딸과 그 친구들, 성욱의 택배 동료 기사들, 지인들도 여럿 보인다. 기영과 성욱의 아내도 아이들을 데리고 나타난다.

공연이 시작되면서 네 남자는 열광적으로 '이제는 일어나 나의 꿈 찾아서 갈 테야 … 이제 날아갈 거야, 하늘 끝까지…' 하며 노래를 부른다. 분위기가 점차 고조되어 '활화산!' 연호가 나오고, 노래에 맞춰 제자리 뛰기를 하는 청중들로 공연장은 열광의 도가니로 변한다. '사화산'에 접어들었던 세 남자가 다시 '활화산'으로 부활한 것이다.

영화는 고된 일상에 파묻혀 길을 잃고 방황하던, 더 이상 물러설 곳 없는 40대 중반 남자들의 '청춘 부활'을 위한 분투기를 보여준다. 인생에서의 성공은 출세하거나 돈을 많이 버는 것이 아닌, 내가 좋아하는 것을 찾아 하는 것이라고 영화는 말한다. 영화 주인공들은 밴드를 다시 시작하면서 까맣게 잊고 있던 청춘 시절의 꿈을 되살리고 자신감도 되찾았다. 영화 포스터에는 '개겨라! 저질러라! 맞서라! 느껴라!'가 새겨 있다.

영화에서의 음악은 출연 배우들이 직접 연주하고 노래를 부른 것이라고 한다. 네 명의 배우들은 촬영 한 달 전부터 2평 남짓한 연습실에서 개인 트레이너와 하루 8시간 이상을 감금당하다시피 하여 연습했다고 한다. 그들의 분투 자체가 '중년 승리! 중년 만세!'다. 이 영화를 연출한 이준익 감독은 "〈즐거운 인생〉은 꿈을 잃어버린 사람들의 얘기가 아니라 이제야 꿈을 알아버린 사람들의 이야기다. 조금 아프고 슬프긴 하지만 너무나 행복한 영화다"라고 말했다.

이와 비슷한 영화로 〈브라보 마이 라이프〉(감독: 박영훈, 2007, 한국)가 있다. 퇴직을 한 달 앞둔 조 부장(백윤식 분)은 회사 내 음악 연주 경험이 있는 동료들이 있다는 것을 알게 된다. 그는 과거 드럼을 연주했으나, '먹고살기 위해 꿈을 버리고' 회사에 취직했기에 음악에 대한 미련이 크다. 그가 동료들을 규합해 4인조 밴드 '갑근세'[19]를 결성하자, 이를 알게 된 부하 직원들이 퇴임 축하 콘서트를 열어준다. 콘서트에서 조 부장은 "소리쳐봐, 브라보 마이 라이프!"를 한껏 외친다.

— 체리의 맛, 장엄한 일출, 길가의 꽃 … 우리가 살아야 할 이유 —

체리 향기
(The Taste Of Cherry, 감독: 압바스 키아로스타미, 1997, 이란) ⑫

노인은 자살을 도와달라는 남자에게 자신의 경험담을 얘기한다.

"자살하기로 마음먹고
밧줄을 동여매려고 나무에 올라갔을 때,
내 손에 만져진 체리를 하나 먹었죠.

---

19 1998년에 결성된 국내 원조 직장인 밴드와 이름이 같다. 이들의 활동이 알려지면서 2000년대 중반 무렵에는 전국적으로 직장인 밴드가 활성화되었다. 2010년 현재 직장인 밴드 수는 전국적으로 2,000~3,000개에 달하는 것으로 추정된다(출처: '중년 남성들의 로망, 직장인 밴드 열풍', 신동아, 2010년 10월호).

두 개, 세 개 먹고 … 그때 태양이 떠올랐어요.

정말 장엄한 광경이었죠.

학교 가는 애들이 나무를 흔들어달라고 했어요.

체리가 떨어지자 아이들이 주워 먹었죠.

전 행복감을 느꼈어요.

그리고 체리를 주워 집으로 향했어요."

체리 열매

삶을 끝내기로 작정한 중년 남자(호마윤 엘 샤드 분)가 자신의 죽음을 도와줄 사람을 물색하러 다닌다. 인력시장을 기웃거리기도 하고, 돈 문제로 심각한 고민을 하고 있는 남자에게 접근해보지만 면박만 당한다. 젊은 군인을 만나 단 10분간의 일에 6개월 치 봉급에 버금가는 사례를 하겠다며 설득해 차에 태운다.

도시 근교 언덕 위 나무 아래에 도착한 그는 미리 파놓은 구덩이를 가리키며 내일 아침 6시에 와서 자기 이름을 두 번 불러달라고 한다. 만약 자기가 대답하면 구덩이에서 꺼내주고, 대답이 없으면 자기 시신 위로 흙을 스무 삽 퍼부어달라고 한다. 하지만 군인은 곤란한 일에 엮이기 싫다며 도망간다.

이어 등록금이 없어 아르바이트를 하는 신학생을 만난다. 남자는 자신도 무슬림이라고 밝히고, "너무 지쳐서 신의 결정을 기다릴 수 없다"라며 신학생에게 도와달라고 부탁하지만, 학생은 교리를 내세워 거부한다.

남자는 마지막으로 한 노인[20]에게 부탁한다. 자연사박물관에서 새를 박제하는 일을 한다는 노인은 자식의 병 치료 때문에 돈이 필요하기에 도와줄 수 있다고 한다. 그러고는 자신도 결혼 직후 어려움에 지쳐서 삶의 끝장을 보기로 결심한 적이 있었다며, 죽고자 했던 마음을 체리 때문에 바꾼(이 글 첫 단락의) 얘기를 남자에게 들려준다. 그리고 남자에게 "생각을 바꿔봐요. 생각을 바꾸면 세상이 다르게 보인답니다. 모든 걸 긍정적으로 바라봐요"라고 조언한다. 이어 주변을 둘러싸고 있는 아름다운 것들을 얘기한다.

> "아침에 일어나 하늘을 바라보지 않나요?
> 붉게 노을 지는 하늘, 더는 보고 싶지 않나요?
> 달을 본 적이 있나요? 별을 보고 싶지 않나요?"

---

[20] 비전문 배우로서, 촬영을 마친 후 그냥 가버려서 이름을 알 수 없다고 한다. 주인공 남자 역시 감독이 길거리에서 캐스팅한 비전문 배우이다.

어느덧 하늘엔 저녁노을이 물들기 시작한다. 차가 달리는 길가에는 물웅덩이와 푸른 나뭇잎, 붉고 노란 꽃들이 보인다. 이제까지의 흙바람 자욱한 길에서와는 달리 싱싱한 생명의 물결이 넘친다.

목적지에 도착한 노인은 내일 아침 구덩이에 가는 약속을 결코 잊지 않겠노라 하면서도 남자가 내미는 선불금은 사양한다. 남자는 출발한 지 얼마 안 되어 갑자기 차를 돌려 노인에게 향한다. 초조한 기색이다. 노인을 다시 만난 남자는 "내일 아침에 올 때 돌멩이를 두 개 갖고 와서 던져주세요. 혹시 잠들었을 수도 있으니. 내 어깨도 흔들어주세요"라며 다짐을 받는다.

노인으로부터 확답을 받은 후, 그는 그제야 운동장에서 뛰노는 아이들과 삭막한 도시 하늘을 아름답게 수놓는 석양에 눈길을 보낸다. 그날 천둥 번개 치는 밤, 남자는 나무 아래 구덩이를 찾아 드러누워 눈을 감는다. 하늘에는 먹구름 사이로 보름달이 간혹 얼굴을 내민다.

죽으려 하는 남자의 부탁을 거절한 사람들에게는 각자 이유가 있다. 곤란한 일에 엮이기 싫어서, 그리고 신앙에 배치되어서…. 하지만 노인은 경륜에서 우러난 경험담을 들려주어 남자의 마음을 움직이게 한다. 항상 신을 경외하며 그 가르침을 공부하는 신학생조차 못한 일이다.

결국 남자는 마음을 바꿀 것으로 짐작된다. 그는 그동안 죽는 것을 도와줄 사람을 찾아다닌 것이 아니라, 살아야 할 이유를 찾아다닌 것인지도 모른다. 죽음을 원했다면 혼자서 실행 가능한 방법을 찾을 수 있기 때문이다.

그는 노인이 말한 '과즙이 가득한 체리 향기, 아이들의 재잘거림, 장엄한 일출과 노을, 그리고 길가에 핀 꽃' 등에서 살아야 할 이유를 찾게 되었다. 영화에는 주인공 남자에 관한 정보가 나오지 않는다. 나이와 직업은 물론, 왜 죽으려고 하는지에 대한 언급조차 없다. 이는 삶의 의지를 잃은 세상의 모든 이들에게 희망의 메시지를 전하고자 하는 것이리라.

노인이 운전대를 잡은 남자에게 좌회전을 해달라고 부탁하자, 그가 그쪽 길은 잘 모른다고 한다. 그러자 노인은 남자에게 조언한다.

"돌아가는 길이지만 편하고 아름다워요."

참으로 금쪽같은 말이다. 살아가면서 일이 잘 풀리지 않으면 돌아가는 길을 선택하라는 것이다. 그러면 비록 잘 모르는 길일지라도 의외로 편하고 아름다운 길을 만날 수 있을지 모른다고 말이다. 키아로스타미 감독은 페르시아의 시인 오마르 하이얌[21]의 시구에서 이 영화를 연출할 영감을 얻었다고 한다.

---

21 Omar Khayyam(1040~1123): 페르시아의 시인, 천문학자이자 수학자. 그의 4행 시집인 『르바이야트』를 영국 작가 에드워드 피츠제럴드가 영어로 번역한 후 세계적으로 유명해졌다(출처: 네이버 지식백과).

인간이여, 삶을 즐기려면
죽음이 항상 따라다닌다는 사실을 기억하라.
그리고 체리 향기를 맡아보아라.

감독은 인터뷰에서 "체리의 향기는 삶의 향기를 나타낼 수 있는 적절한 표현이 아닐까 생각한다"라고 말했다 한다. 이 영화는 1997년 제50회 칸영화제에서 황금종려상을 공동수상[22]하였으나, 이슬람 교리에 반하는 자살을 다뤘다는 이유로 이란에서 상영금지를 당했다. 그러나 감독은 '삶의 의지에 대해 말하는 영화'라고 피력하였다 한다.

---

22 일본의 이마무라 쇼헤이 감독이 연출한 〈우나기〉와 함께 공동수상

제 2 부

다시 출발, 꿈과 도전

비상(飛上)

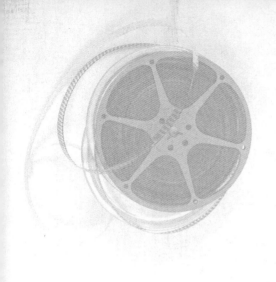

2-1.
새 출발

〈오슬로의 이상한 밤〉
〈어바웃 슈미트〉
〈칠곡 가시나들〉

— 은퇴가 선사한 새로운 길과 용기 —

오슬로의 이상한 밤

(O'Horten, 감독: 벤트 해머, 2007, 노르웨이) ⑮

　오드 호텐(바드 오베 분)은 노르웨이의 수도 오슬로와 세계적 관광지인 베르겐 구간을 매일같이 운행하는 열차 기관사이다. 67세가 되어 정년을 맞은 그는 마지막 운행 후에 오슬로로 '날아서' 갈 생각이다. 하지만 은퇴 전날 동료들이 마련한 환송 파티에 참석한 후, 그는 오슬로로 날아가지 못한 채 기이한 일을 겪게 된다. 40여 년간 정해진 선로 위로만 달린 그이지만 그날 밤 이후 미로를 헤매게 된다.

노르웨이 베르겐 전경

　담배를 사느라 일행을 놓친 탓에 2차 환송 파티 장소를 찾아 헤매던 오드는 엉뚱한 집에 들어간다. 그 집에서 우연히 만난 소년은 자신이 잠들 때까지 책을 읽어줄 것을 부탁한다. 책을 읽어주다 잠든 그는 이튿날 마지막 운행을 놓친다. 평소 성실했던 그에게는 없었던 일이다. 그날 낮, 치매를 앓고 있는 어머니를 방문한 그는 병실 벽에 걸린 어머니의 젊은 시절 사진을 발견한다. 스키를 안고 행복한 미소를 띤 얼굴이다.

　식사하러 방문한 단골 식당에서 주방장이 경찰에 잡혀가고, 친구를 만나러 간 비행장 활주로에서 담배를 피우다가 의심스러운 인물로 오해받아 공항경찰대의 조사를 받는다. 전후 상황을 알 수 없는 일들이 연이어 발생한 것이다. 단골 담배 가게에 들러 주인을 찾으니 지난주에 죽었다고 한다. 망자의 부인은 "죽음도 생의 일부분이지요"라고 한다. 그와 함께 다니던 수영장을 방문한 오드는 신발을 찾지 못하여, 주인 없는 굽 높은 붉은 색의 여성 부츠를 신고 길을 나선다.

밤길을 걷던 오드는 차가운 길거리에 쓰러져 있는 노인을 부축하여 그의 집으로 데려간다. 그 집에는 아프리카의 원시 무기와 조각품들로 가득하다. 발명가라는 노인의 집에서 오래된 스키를 발견한 오드는 자기 어머니는 스키점퍼였는데 당시는 여자라서 많은 제약을 받아 뜻을 펼치지 못하였다고 한다. 자신은 겁이 많아 스키를 타지 못했다고 말하며 "이제 너무 늦었죠"라며 아쉬운 듯 말하자, 노인은 충고한다.

"인생에서 대부분은 너무 늦어버리지 않나요?
그러므로 너무 늦은 건 아무것도 없어요.
인생은 기다리기에는 너무 짧아요."

눈을 감고도 운전할 수 있다는 노인을 따라 한밤에 시내로 드라이브를 나가지만 운전 중 노인은 운전대에서 쓰러져 죽는다. 오드는 노인의 유품인 스키를 들고 스키점프대에 올라간다. 그리고 발아래 까마득히 뻗은 점프대를 향하여 힘차게 하강 활주를 한다. 다음 날 그는 기관사가 아니라 승객이 되어 오슬로행 기차를 타고 평소 마음에 두고 있던 오슬로의 여인에게로 간다.

노르웨이 오슬로 홀멘콜렌 스키점프장

소심하고 변화를 두려워하던 오드는 항상 정해진 시간에 같은 선로 위를 달리는 기관사가 천직이었다. 하지만 그는 퇴직한 날 이후 기이한 체험을 잇달아 한다. 이는 앞으로의 삶은 예측 가능했던 과거와는 다를 것이라고 암시하는 듯하다. 우연히 만난 노인의 '너무 늦은 것은 아무것도 없다'라는 충고에 용기를 낸 그는 노령의 나이에 생애 처음으로 스키 공중 점프를 시도한다. 이는 어머니의 꿈이었기도 하다.

젊어서 타지 못했던 스키를 은퇴 후 탄다는 것은 새로운 세상을 향해 나아가는 것이다. 은퇴는 늘 가던 길을 끝내는 것이지만, 반면에 알지 못하던 새로운 길을 열어주는 기회를 선사한다. 비록 그 길이 헤매기 쉬운 미로일지 모르지만…. 그 길을 가는 것은 예전 시각으로 보면 '탈선'이지만, 은퇴한 그에게는 가지 못했던, 그러나 가고 싶었던 새로운 길이다. 그리고 그 길을 향해 달려갈 용기도 얻었다. 영화 화면 가득히 펼쳐진, 태초의 신비를 간직한 듯 끝없이 펼쳐진 눈 덮인 산과 계곡은 북구의 겨울 정취를 느끼게 한다.

── 세상이 나로 인해 나아진 것은? ──
어바웃 슈미트
(About Schmidt, 감독: 알렉산더 페인, 2002, 미국) ⑫

미국 네브래스카주 오마하에 있는 국제보험회사의 중역인 워렌 슈미트(잭 니콜슨 분)가 66세 나이로 정년퇴임하는 날, 그는 성대한 송별 파티에서 '명예롭고 훌륭한 퇴직자'라는 공치사를 받는다. 그러나 파티장을 몰래 빠져나와 바에서 홀로 술을 마시는 그의 표정이 쓸쓸하다.

일류대 경영학 석사 출신인 후임자는 퇴직 후에도 많이 도와줄 것을 부탁했지만, 막상 사무실에 들른 그에게 회의 시간에 쫓긴다며 눈치를 준다. 떠밀리듯 사무실을 나서는데 그의 손때가 묻은 서류 파일들이 한쪽 구석에 쌓인 채 폐기를 기다리고 있다. 그러나 아내에게는 "후임자에게 한 수 지도해주고 왔다"라며 허세를 부린다. 아내는 큰 캠핑카를 장만해서 "우리 이제 이걸 타고 다니면서 맛있는 것을 실컷 사 먹어요" 하며 들떠 있다.

슈미트는 어느 구호단체의 TV 광고를 보고 한 달에 22달러를 기부하는 후원회에 가입한다. 그가 후원하게 될 아이는 아프리카 탄자니아에 사는 6살의 엔두구이다. 그 아이에게 편지를 부치고 오니 42년간 함께 살아온 아내가 쓰러져 있다.

엄마의 별세 소식을 들은 외동딸 제니와 예비 사위 랜들이 집에 온다. 귀한 딸이 물침대 외판사원인, 보잘것없는 녀석과 결혼하는 것을 받아들이기 어려운 그는 딸에게 결혼을 연기하는 것이 어떻겠냐며 어렵게 말을 건넨다. 그러나 딸은 "엄마와 그동안 충분히 얘기했다"라며 일축한다. 딸 결혼 준비에 그는 빠져 있었던 것이다. 장례를 마치고 떠나려는 딸에게 며칠 더 있어달라고 부탁하지만, 그녀는 바쁘다며 매몰차게 말한다.

"이젠 혼자 사는 데 익숙해지셔야죠.
가정부를 구하든지."

홀로된 슈미트는 아내의 향수와 옷 냄새를 맡으며 눈시울을 적신다. 주방과 거실은 청소를 하지 않아 난장판이다. 헛헛한 마음에 마구잡이로 분노의 쇼핑도 해본다. 보험사 직원은 재혼하지 않으면 9년 안에 죽을 확률이 73%라는, 묻지도 않은 사항에 대해 친절한(?) 안내를 한다.

아내의 유품을 정리하던 중, 그는 옛 편지 묶음에서 아내의 연애편지를 발견하여 자기 친구와 바람피운 사실을 알게 된다. 친구를 찾아가 주먹질을 한 그는 아내의 유품들을 쓰레기통에 처넣는다. 딸의 미래를 망칠 결혼을 막아야 할 확실한 이유를 아내의 불륜에서 찾은 그는 캠핑카를 끌고 길을 나선다. 딸에게 "네 결혼식 도우려 미리 출발했다"라며 전화하지만, 딸은 "결혼식 전날 오세요" 하고는 바쁘다며 끊는다. 이제 직장도, 아내도, 딸도, 친구마저도 그와 등졌다.

시간이 남게 된 그는 오랜만에 고향을 찾지만 모든 것이 변하여 기억 속의 그곳이 아니다. 모교를 찾아 새까만 후배들에게 학창 시절 무용담을 늘어놓지만 반응이 시큰둥하다. 캠핑장에서 자기 내면의 외로움을 잘 이해해주는 여인을 만나 대화하던 중 충동적으로 키스하려다 추행범으로 몰려 도망친다. 아내의 불륜도 방금 자기가 행한 것처럼 순간적인 충동에서 비롯된 것이 아닐까 하는 생각이 든 걸까. 별이 유난히 빛나는 밤, 그는 캠핑카 지붕에 올라 하늘나라에 있을 아내에게 지난 세월을 용서해달라고 한다. 그 순간 밝고 긴 빛줄기의 유성이 하늘을 가로지른다. 아내의 응답일까?

딸이 사는 덴버에 도착한 그는 사돈집이 자기가 살아온 분위기와는 너무 달라 당혹해한다. 신랑 아버지는 다른 여자와 살고 있고, 사위의 이력도 예상대로 변변찮아 보인다. 심지어 거침없는 성격의 안사돈 로버타(케시 베이츠 분)는 노골적으로 추파를 던진다. 딸에게 시집의 수준이 낮아 보인다며 다시 결혼을 만류해보지만, "언제부터 제 일에 관심을 가졌죠? 결혼식에 참석하기 싫으면 돌아가세요"라는 단호한 대꾸만 돌아올 뿐이다.

슈미트는 마지못해 딸의 결혼을 축복해주고, 돌아오는 길에 자문한다.

> "세상이 나로 인해 나아진 것은 뭘까?
> 난 딸의 실수를 막아보려 했지만 실패했어.
> 난 늙어빠진 낙오자야. 이제 죽을 일만 남았지.
> 내 삶이 누군가를 변화시켰던가, 전혀.
> 내 인생은 의미가 없었어."

집에 도착하니 후원하고 있는 엔두구로부터 편지가 와 있다. 그곳 수녀가 대신 쓴 편지에는 "엔두구는 온종일 당신 생각뿐이에요. 당신이 행복하길 진심으로 빌고 있죠"라고 쓰여 있고, 함께 보내온 그림에는 그와 엔두구가 푸른 하늘 밝은 태양 아래 함께 손잡고 웃고 있다. 한참 그림을 지켜보던 슈미트는 흐느끼다가 마침내 오열한다.

회사에서 임원 자리에까지 올랐던 슈미트의 퇴임 후 삶은 뒤죽박죽이다. 직장에서의 용도폐기, 아내의 불륜 발견, '홀로 서라'며 외면하는 딸, 크게 변한 고향과 모교, 무능력해 보이는 사위, 수준이 낮아 보이는 사돈집…. 마지막으로 불행이 예상되는 딸의 결혼이나마 막아보려 했지만 역부족이었다. 그는 "난 늙어빠진 낙오자야. 내 인생은 의미가 없었어"라며 한탄한다.
하지만 그는 작은 기부행위와 편지로 지구 저편에 사는 어린 소년 엔두구를 변화시켰다. 그 또한 어린 소년에 의해 삶의 의미를 새롭게 깨닫는 변화를 맞게 되었다. 미국의 사상가 겸 시인인 랄프 왈도 에머슨은 '자신이 한때 이곳에 살았음으로 해서 단 한 사람의 인생이라도 행복해지는 것이 진정한 성공이다'라고 설파했다.

주인공 역의 잭 니콜슨의 연기가 일품이다. 준비되지 않은 상태에서 은퇴를 맞게 된 슈미트가 느끼는 두려움, 외로움과 상실감, 분노와 허탈감 등의 심경을 특유의 익살스러우면서도 심술궂은 표정과 몸짓으로 감칠맛 나게 표현하고 있다.

— 공부하기 딱 좋은 나이, 82세 할매들 —

칠곡 가시나들

(감독: 김재환, 2018, 한국) 전체

마을 할매들이 한글을 배우는 노인회관 벽에 걸린 슬로건들이 눈에 띈다.

'배워서 남 주자'
'내 나이가 어때서, 공부하기 딱 좋은 나이인데'
'나의 평생소원은 한글 공부요,
아들 딸 손자 손녀 이름 쓰는 것'

경북 칠곡군 약목면 복성2리에 사는 일곱 할매들의 평균 나이는 82세이다. 지팡이에 의지해 어렵사리 걸으면서도 학교엔 꼬박꼬박 온다. 시내 장터의 간판 글씨들을 떠듬떠듬 소리 내어 읽고, 받아쓰기 시험에서 컨닝하다가 들키기도 하고, 숙제를 하지 않아 젊은 여선생님에게 혼나기도 한다.

없는 글자를 만들어 써 "세종대왕님과 같은 능력을 가졌어요"라는 칭찬 아닌 칭찬도 듣는다. 같이 한글 쓰기를 연습하는 손주가 "할매, 그것도 몰라예" 하며 핀잔을 준다. 용기를 내어 처음으로 아들에게 편지를 쓴 할매는 아들로부터 "깜짝 놀랐고 눈물 났어요"라는 답장을 받고는 본인도 눈물짓는다.

봄이 되자 소풍 가서 아이들처럼 재미있는 게임을 한다. 표준어 퀴즈에서 선생은 손주들에게는 '개갑다'라는 말 대신 '가볍다' 하라고 가르쳐준다. 여름이 되자 저수지 제방을 걸으며 할매들은 시인이 된다.

가마이 보니까 시가 / 참 만타 /
여기도 시 / 저기도 시 / 시가 천지삐까리다
— 박금분의 「시」—

사랑이라카이 부끄럽다 / 내 사랑도 모르고 사라따 /
점을 때는 쪼매 사랑해주대 / 그래도 뽀뽀는 안해받다
— 박월선의 「사랑」—

팔십이 넘어도 / 어무이가 조타 /

어무이가 보고시따 / 어무이카고 부르마 /

아이고 방가따 / 오이야 오이야 방가따

— 이원순의 「울엄마」 —

복성리 마을 벽화 - 경북 칠곡군 약목면

　면내 노래자랑 대회에서 젊은 시절 가수가 꿈이었다는 할매가 '동백아가씨'를 열창한다. 10원짜리 화투를 치다가 다투기도 하고, 구미 금오산 폭포 구경을 가서는 "한번 가마 다시 못 온다"라며 쓸쓸해한다. 가을이 되어 앞마당에 석류와 감이 익을 때쯤, 추석이 다가와 음식 마련에 바쁜 날을 보낸다. 군에서 개최하는 '늘배움학교 연합 경연대회'에 나가 여고생 교복 차림에 꽃단장을 하고 '열입곱 살이에요' 노래를 부르며 애교스러운 율동도 더한다.

설날에 자식과 손주들이 우르르 와서는 세배를 하고 한꺼번에 떠나니 쓸쓸하고 눈물 난다며 할매들끼리 경로당에 모여 명절 음식을 나눠 먹고 술도 한 모금 한다. 몸이 아파 누운 할매의 머리맡에는 약봉지가 널브러져 있다.

다시 봄이 왔다. 매화꽃이 활짝 피고, 마을 길은 예쁜 꽃들로 가득하다. 할매들은 새색시 마음이 되어 저수지 제방에서 봄나물을 캔다. 새봄에 삶의 생기를 느낀 할매가 시를 짓는다.

빨리 죽어야 데는데 / 십게 죽지도 아나고 참 죽겐네 /
몸이 아푸마 빨리 주거야지 시푸고 /
재미끼 놀 때는 좀 사라야지 시푸다 /
내 마음이 와따가따 한다
— 박금분 —

영화 시작과 함께 '1938년 조선총독부는 모든 학교에서 한글 교육을 금지하고 일본어 사용을 강제했다'라는 자막이 뜬다. 불우한 세월을 맞아 평생 까막눈으로 팔십여 년 사신 할머니들에게 한글 공부는 엄청난 도전이다. 하지만 이는 새로운 세상을 여는 열쇠를 얻는 것이고, 자식과 손주, 그리고 세상과의 새로운 소통을 가능하게 하는 것이다. 잃어버렸던 '삶과 청춘'을 되찾는 것이기도 하다.

그리고 할머니들은 시인이 되었다.[23] 마음속에만 품고 있던 것을 남에게 전달할 수 있게 된 것이다. 이 영화는 80세 이후에도 꿈을 꿀 수 있고 새로운 출발을 할 수 있다는 것을 말하고 있다. 그분들은 외친다.

"고마 사는 기, 배우는 기 와 이리 재밌노!"

이 영화를 연출한 김재환 감독은 "즐거움을 찾고, 새로운 설렘과 열정을 갖고 재밌게 살고자 당신들의 최대치까지 도전한 할머니들의 이야기"라고 밝혔다.

---

23 2015년 칠곡군은 성인문해교육을 통해 한글을 깨친 할머니들의 시를 수록한 시집 『시가 뭐고』를 발행한 데 이어, 『콩이나 쪼매 심고 놀지머』(2016), 『내 친구 이름은 배말남 얼구리 애뻐요』(2019)를 발행했다.

2-2.
끝까지 나의 길을

〈부에나 비스타 소셜 클럽〉
〈철도원〉
〈송환〉+〈선택〉

― 70~90대 쿠바 뮤지션들, 세계로 나아가다 ―
부에나 비스타 소셜 클럽
(Buena Vista Social Club, 감독: 빔 벤더스, 1999, 독일) 전체

'부에나 비스타 소셜 클럽'은 '환영받는 사교 클럽'이란 뜻으로, 1940년대 쿠바의 수도 하바나에 있었다. 당시는 쿠바 음악의 황금시대라 불린 만큼 쿠바 최고의 뮤지션들이 그곳에서 공연했다. 하지만 혁명(1959년)에 성공한 쿠바 정부는 향락적이라며 클럽을 통제했고, 그 후 팝 뮤직과 살사가 인기를 끌게 되면서 쿠바의 전통음악들은 대중들로부터 잊히기 시작했다.[24]

---

24 출처: 나무위키

쿠바 하바나의 클럽

1998년 3월, 미국의 레코딩 프로듀서인 라이 쿠더는 쿠바의 전통음악과 음악가들을 만나기 위해 하바나를 찾는다. 과거 음악가들 중 상당수는 뮤지션으로서의 옛 영광을 뒤로한 채 구두를 닦거나 이발사, 또는 담배공장 노동자로 일하면서 늙어가고 있었다. 수소문 끝에 전설적인 쿠바 재즈 뮤지션들을 찾아내 6일 만에 완성한 음반이 '부에나 비스타 소셜 클럽'이다.

이 음반은 미국 음반 업계 최고 권위의 상인 그래미 어워드(Grammy Awards)를 수상했고, 빌보드 차트(Billboard Chart)[25] 1위를 차지했다. 음반의 대히트에 힘입은 그들은 1998년 4월 암스테르담 공연에 이어, 그해 7월 뉴욕의 카네기홀에서 공연을 했다. 우리나라에서도 두 차례 공연을 했다.

---

[25] 미국 음악잡지 「빌보드」에 매주 실리고 있는 싱글 인기 차트로서, 1958년부터 대중음악의 인기 순위를 집계하여 발표하였다. 이는 세계 대중음악의 흐름을 알려주는 대표적인 지표 중 하나가 되었다(출처: 위키백과).

1999년에는 독일 태생의 빔 벤더스 감독이 이들의 음반 발매 과정과 공연 실황을 담아 다큐멘터리 형식을 빌린 음악 영화 〈부에나 비스타 소셜 클럽〉을 연출하였다. '일생에 한 번 볼까 말까 한 가수'라는 극찬을 받은 이브라힘 페레르(1927년 생), 보컬 겸 기타리스트인 콤파이 세군도(1907년 생), 피아니스트 루벤 곤살레스(1919년 생), 보컬인 여가수 오마라 포루트온도(1930년 생) 등이 합류했다. 이들의 나이는 제작 당시 68세에서 최고 91세에 이른다. 일부 젊은 뮤지션들도 함께 팀을 이루었다.

다시 음악을 시작한 이들은 나이를 잊고 즐겼다. 그들의 음악에는 흘러가버린 세월을 아쉬워하는 회한, 고단했던 지난 삶을 이겨낸 기쁨이 짙게 배어 있다. 빔 벤더스 감독은 "그들은 훌륭한 음악인인 동시에 철학자였다"라고 했다. 한때 길거리에서 구두를 닦거나 복권을 판매하면서 쓰레기통을 뒤질 정도로 힘들게 살았던 이브라힘은 말한다.

"쿠바 음악은 심장에서 나옵니다.
그래서 듣는 사람들의 심장을 울리죠."
"최소한 지금은 살고 싶어.
하느님도 마누라도 내 말을 들어줘야 해.
좀 더 즐길 시간을 나에게 줘야지."

90세가 넘은 콤파이 세군도는 아직도 못다 피운 로맨스에 대한 열정으로 '사랑의 찬가'를 부른다.

"난 살아있는 한 여자를 사랑할 거야.
여자와 꽃과 연애는 정말 아름답거든.
난 아직 청춘이라구."

'카리브해의 진주'라 불리는 쿠바의 수도 하바나에는 낡았지만 기품 있는 건물들이 즐비하여 과거의 영광을 말해준다. 형형색색의 올드 카(old car)를 타고 파도가 넘실대는 말레콘 해변 도로를 달리는 장면은 여행객들의 마음을 설레게 한다. 영원한 '혁명의 불꽃'으로 추앙받는 체 게바라의 숨결이 남아 있고, 대문호 헤밍웨이의 흔적을 곳곳에서 만날 수 있다. 영화는 신나고 흥겨운 쿠바 재즈를 들려준다.

이 영화의 성공은 전 세계적으로 라틴재즈 열풍을 몰고 왔다. 영화에 나오는 음악에는 '찬찬(Chan Chan)', '칸델라(Candela)', '키사스 키사스 키사스(Quizas, Quizas Quizas)' 등이 있다.

— 어쩔 수 없잖아. 난 철도원인걸 —

철도원

(**Poppoya**, 감독: 후로하타 야스오, 1999, 일본) 전체

새하얀 눈으로 덮인 산과 마을, 계곡을 가로지르는 다리를 건너 증기기관차가 연기를 내뿜으며 숨 가쁘게 달린다. 일본 홋카이도

의 조그만 종착역인 호로마이역[26]의 역장 사토 오토마츠(다카쿠라 켄 분)는 "하행선 정위! 상행선 반위! 신호 OK!"를 외치며 열차를 맞고 보낸다. 타고 내리는 승객이 한 명도 없을 때도 있다.

호로마이역(영화 〈철도원〉 세트장)

이 마을은 과거 탄광업으로 인구가 5천 명에 이를 정도로 번창했었지만, 지금은 쇠락해 노인들만 남았다. 그가 근무하는 호로마이선은 매년 적자인 관계로 곧 폐선될 예정이고, 그 역시 곧 정년퇴직을 맞게 된다. 아버지에 이어 평생 철도원으로 일했고, 그것밖에 할 줄 모른다는 그는 퇴직 후의 대책이 전혀 없다.

---

26 실제 역명은 이쿠토라역

오토마츠는 결혼하고 17년 만에 늦둥이 딸을 낳았다. 눈 오는 날 태어났다 해서 이름을 '눈의 아이'란 뜻의 유키코(雪子)로 지었다. 하지만 아기는 태어난 지 두 달 만에 독감으로 죽었다. 교대자 없이 혼자 근무하는 시골 역인 탓에 그는 아픈 아기를 도시 병원에 직접 데려가지 못했다. 죽은 아기를 안고 돌아온 아내는 플랫폼에서 맞이하는 그를 보고 "당신은 죽은 딸도 깃발을 흔들며 맞이하는군요"라며 원망한다. 그는 눈물을 삼키며 말한다.

"어쩔 수 없잖아. 난 철도원인걸.
내가 깃발을 안 흔들면
기차 운행이 제대로 안 되는걸."

2년 전에 아내가 병으로 죽어갈 때도 친구 부부가 대신 임종을 지켰다. 그날 친구 부인이 그에게 말했다. "아내를 위해 울어줄 수 없냐"라고. 가족보다 일이 우선이 될 수밖에 없었던 그의 삶은 회한으로 가득하다.

설날에도 근무 중인 오토마츠에게 붉은 목도리를 한 어린 여자아이가 인형을 안고 깡충깡충 뛰며 달려온다. 그가 "설날이라 할아버지 집에 왔구나"라며 반갑게 맞자, 아이는 "저요, 올해 학교에 가요"라고 한다. 아이는 인형을 그에게 안겨주고는 마을로 사라지는데 왠지 그 인형이 눈에 익다. 그는 인형을 분실물 대장에 기록한다.

그날 저녁 무렵, 곧 중학생이 된다는 소녀가 와서 자신이 인형을 두고 간 아이의 언니라고 밝힌다. 아침에 온 아이와 같은 붉은 목도리를 한 소녀는 자기 성을 사토라고 밝히는데, 마을에는 사토라는 성이 흔하다. 그의 성도 사토다. 소녀는 그에게 눈감으라고 하고는 뺨에 살짝 뽀뽀를 해주고는 사라진다. 인형은 그 자리에 놓여 있다. 그때서야 그는 인형이 과거에 딸 유키코에게 선물로 사준 것과 같은 모양이라는 것을 기억해낸다.

폭설이 내린 다음 날, 세일러복 교복 차림의 소녀(히로스에 료코 분)가 찾아온다. 훌쩍 성장한 모습의 소녀는 자기가 어제 찾아온 아이들의 맏언니라며 동생들을 잘 대해주어 고맙다며 인사를 한다. 소녀는 철도원 제복이 멋있다며 모자를 써보기도 한다. 두 사람은 단팥죽을 먹으며 유키코의 사진을 보는데, 그는 "내가 죽인 거나 마찬가지야. 독감이었는데 신경을 못 썼어. 교대자가 없어서"라며 쓸쓸해한다.

그가 막차를 보내는 사이 소녀가 저녁상을 차렸다. 밥상 앞에 앉은 그는 "왠지 마법에 걸린 것 같아"라고 한다. 소녀는 찌개를 그의 그릇에 담아주고 맥주도 한 잔 부어준다. 날이 어두워지자 그는 고등학생 손녀가 있다는 사토 영감에게 손녀가 역에 잘 있다고 전화한다. 그런데 사토는 손녀가 이번 설에 오지 않았다고 하는 것이 아닌가.

비로소 오토마츠는 저녁 밥상을 차려준 소녀가 죽은 딸 유키코란 것을 알아챈다. 앞에 다녀간 두 아이도 유키코로서 17년간의 성장 과정을 아빠에게 환영(幻影)으로 보여준 것이다. 아이들의 인형이 딸이 죽었을 때 관에 넣어준 것과 같은 모양이고, 똑

같이 붉은 목도리를 하고, 고등학생 소녀가 식사를 준비할 때 입은 아내의 붉은 조끼를 보고 깨닫게 된 것이다.

죽은 딸이 자신을 찾아왔다는 것을 알게 된 그는 회한에 잠겨 눈시울이 뜨거워진다. 유키코는 철도원 모자를 쓰고는 거수경례를 한 다음 아빠를 따뜻하게 포옹하며 위로한다.

"아빠는 네가 죽었을 때도
'금일 이상 없음'이라고 적었어."
"아빠는 철도원인걸요. 어쩔 수 없잖아요.
고마워요, 아빠."

소녀가 떠난 후, 오토마츠는 평소처럼 근무일지에 '금일 이상 없음'을 기입한다. 다음 날, 여느 때처럼 첫차가 오기 전 눈 덮인 선로를 쓸며 도착한 제설차 기관사가 제복 차림으로 깃발을 든 채 플랫폼 눈밭 위에 쓰러져 죽어 있는 오토마츠를 발견한다.

딸과 아내를 먼저 보내고, 삶의 마지막 날까지 철도원으로서 우직하게 자기 직분에 충실했던 오토마츠를 보면 존경심보다는 애잔한 슬픔이 느껴진다. 당시 일본 사회는 직장과 가정생활의 양립이 어려운 분위기였다. 그는 딸이 죽어 돌아온 날에도 역의 근무일지에 '금일 이상 없음'을 적어야 했다. 죽는 날까지 근무하던 시골 역이 곧 폐쇄될 예정이고, 그 또한 정년퇴직을 맞는 것은 한 시대가 끝났다는 것을 의미하는 것이리라.

눈 내리는 밤

　'오토마츠에게서는, 전후의 폐허를 딛고 오늘의 일본이 있기
까지는 이런 사무치는 아픔을 견디며 멸사봉공한 우리의 아버
지들이 있었다는 웅변이 울려온다'라고 한 평론가(조종국)도 있
다. 이 때문에 이 영화에서 일본의 '군국주의' 분위기를 느낀다
고 하는 이도 있다. 하지만 가정보다는 직장을 우선으로 할 수
밖에 없었던 아버지 세대를 위로하는 것이 연출자의 의도라는
견해가 보다 지배적이다. 이 영화를 연출한 후로하타 야스오 감
독은 '일이 만사가 아니라고 느끼면서도 운명적으로 끌려가는
주인공의 모습에 동정을 느낄 수 있을 것이다'라고 연출 의도를
밝힌 적 있다.
　일본 영화 특유의 서정적인 분위기와 소박한 감성이 고스란히
담겨 있으며, 영화 내내 흥얼거리듯 흘러나오는 음악 '테네시 왈

츠(Tennessee Waltz)'(1946)는 애잔한 슬픔을 배가한다. 주인공 오토마츠 역을 연기한 다카쿠라 켄은 일본의 '국민 배우'로, 세일러복을 한 청순한 소녀 역의 히로스에 료코는 일본의 '국민 딸'로 불렸다고 한다. 아사다 지로의 동명 소설이 원작이다.

— 진정한 양심의 자유, 끝까지 나의 길을 간다 —

송환

(A Repatriation, 감독: 김동원, 2003, 한국) ⑫

선택

(The Road Taken, 감독: 홍기선, 2003, 한국) ⑫

나는 당신의 사상에 반대한다.

그러나 당신이 그 사상 때문에 탄압을 받는다면

나는 당신 편에 서서 싸울 것이다.

- 볼테르, 프랑스 작가

1972년 당시 '비전향 장기수(非轉向長期囚)'[27](이하 '장기수')가 500명에 달했다. 그해 남북적십자회담이 개최된 이후 대한민국

---

27 공산주의 사상을 포기하지 않고 대한민국 감옥에서 장기간 생활한 국내 빨치산, 남로당, 조선인민군 포로와 남파간첩을 지칭(출처: 위키백과)

당국은 이들에게 강제적인 전향 사업을 전개하였다. 남북 교류에 대비하여 남한 체제의 우월성을 과시하기 위한 것이다. 거부하는 장기수들에게는 고문·회유 등 가혹행위가 뒤따랐고, 그 결과 350명 정도가 전향한 것으로 추산된다고 한다. 그 과정에서 사망한 사람도 있었다. 하지만 상당수 장기수들은 자신들의 신념을 포기하지 않았다.

1993년 3월에 5명의 장기수가 석방되었고, 그중 종군기자 출신인 리인모 씨가 북으로 송환되었다. 계속해서 천주교와 민가협 등이 중심이 되어 장기수 석방과 송환 운동을 벌였다. 1998년에 출범한 정부가 표방한 '햇볕정책'과 2000년 6월에 이루어진 남북정상회담에 따라 마침내 그해 9월 2일, 총 63명의 장기수가 북한으로 송환되었다. 이들의 평균 수감 기간은 31년이라고 한다. 분단의 상징인 장기수에 관한 영화로 같은 해 개봉된 〈송환〉과 〈선택〉이 있다.

〈송환〉은 남파간첩 등의 죄목으로 30년 이상 수감되었던 장기수들을 10년 동안 꾸준히 만나며 틈틈이 찍은 다큐멘터리다. 김동원 감독은 1992년 봄, 출소 후 갈 곳이 없던 장기수 두 명(김석형, 조창손)을 서울 봉천동 '주민의 집'으로 모셔 온다. 영화는 2000년 9월 단체로 송환되기까지 이들이 자본주의 사회에서 적응해가는 일상적인 모습과 이웃들과의 교류, 북송 문제에 대한 정치적·사회적 움직임을 세세히 다루고 있다. 특히 장기수들의 인간적인 면모를 잘 그렸다는 평을 많이 받았다.

그러나 '김일성 장군 찬가'를 부르고, '납북자는 절대 존재하지 않는다' 하는 등 그들의 완고한 이념성도 함께 소개하고 있다. 이미 전향한 자들과의 만남을 통해 서로 회한을 나누고, 남한 출신 장기수들의 가족 간 갈등도 섬세하게 그리고 있다.

영화의 말미에는 2001년 8월 15일 평양에서 열린 '평양통일축전'에 참석한 북송 장기수들과의 인터뷰도 담고 있다. 국군 포로와 납북 어부도 우리 쪽으로 송환되어야 한다며 장기수의 일방적인 송환에 반대하는 운동도 아울러 소개하고 있다. 2004년 선댄스영화제에서 표현의 자유상을 받았다.

〈선택〉은 세계 최장수 장기수로 기네스북에도 등재된 김선명 씨(김중기 분)를 주인공으로 한, 실화를 바탕으로 한 극영화이다. 경기도 양평군의 한 부유한 가정에서 태어난 그는 좌익 활동을 거쳐 인민군 입대와 참전 등의 혐의로 체포되었다. 1954년 무기형을 선고받고 45년간 복역 후, 1995년에 석방될 당시 그의 나이는 72세였다.

그는 극심한 폭행과 고문, 그리고 20여 년간의 독방 생활을 겪으면서도 끝내 전향을 거부했다. 그의 동료 장기수들도 형언할 수 없는 어려움을 겪는다. 교도소 내의 잡범들을 이용한 폭행과 고문, 자식들이 찾아와 자신들의 삶에 걸림돌이 되지 말아달라는 호소, 그 과정에서 미쳐버리고 자살하는 이도 나온다. 그들은 울분에 차 외친다.

> "우리가 도둑질을 했나요? 사람을 죽였습니까?
> 그저 우리 민족의 통일을 바랐던 사람입니다."

영화는 김선명 씨의 신념 혹은 이념을 구체적으로 밝히지 않는다. 이는 자신의 신념을 지키는 것을 넘어 강압에 의해 짓밟히는 것에 목숨 걸고 저항하는 모습에 초점을 맞춘 감독의 연출 의도라 볼 수 있다. 감독은 인터뷰에서 '김선명 선생을 히어로가 아닌 인간으로 그렸다'라고 밝혔다.

수감 기간 중 30년간 면회가 허용되지 않았다. 1995년에 석방되어 노모를 잠시 만났는데, 97세의 노모는 "네가 선명이냐? 그러니 에미 말을 들었어야지" 했다고 한다. 가족들의 거부로 어머니 묘소를 참배하지 못한 그는 2000년 9월, 62명의 장기수와 함께 북송되었다. 그는 말했다.

> "사람들은 자유가 감옥 밖에 있는 줄 알지만
> 내가 가진 자유는 감옥에 갇혀 있는 것이었습니다.
> 그곳에 진정한 자유, 양심의 자유가 있었으니까."

당시 장기수들은 전향서 한 장만 쓰면 자유의 몸이 될 수 있었다. 그러나 30여 년간 0.75평의 독방에 갇혀 있으면서 고문과 회유에도 전향하지 않은 것은 무엇 때문일까? 〈송환〉에서 장기수들이 미전향 사유를 말한다.

"정치적 신념을 포기할 수 없어서."

"민족과 민중을 위해서."

"전향 공작의 폭력성 때문에."

영화평론가 강성률은 '영화 〈신택〉은 어떤 억압에도 굴하지 않고 자신이 선택한 삶을 사는 것이 바로 자유라는 것을 깨우쳐주었다'[28]라고 평했다.

집념

28 강성률, 『영화는 역사다』, p. 160

2-3.
멘토가 되어

〈시네마천국〉
〈아메리칸 퀼트〉
〈세인트 빈센트〉

― 이곳을 떠나 더 넓은 세상으로 나아가거라! ―

시네마천국

(Cinema Paradiso, 감독: 쥬세페 토르나토레, 1988, 이탈리아) 전체

이탈리아 시칠리아 섬 조그만 마을의 극장 영사 기사였던, 나이
들고 눈먼 알프레도(필립 느와레 분)는 실연의 아픔에 빠진 청년 토
토(마르코 레오나르디 분)에게 친구이자 멘토로서 충고를 한다.

"인생은 네가 본 영화하곤 달라. …
여기 사는 동안은 여기가 세상의 중심인 줄 알지.
2년 정도 떠나 있으면 변한 것을 느끼게 되고,
그다지 보고 싶은 사람도 없어지게 되지."
"로마로 떠나거라. … 돌아와선 안 된다.

편지도 쓰지 마라.

만일 못 참고 돌아오면 다신 널 만나지 않겠다."

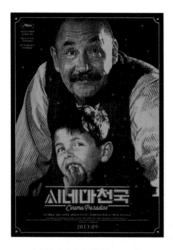

영화 〈시네마천국〉 포스터

1950년대, 초등학교 5학년인 토토(살바토레 카스치오 분)에게 마을 광장에 있는 '천국 영화관(Cinema Paradiso)'은 말 그대로 천국이자, 최상의 놀이터였다. 그곳에는 신나는 영화가 있고, 친구이자 아빠 같은 알프레도가 있다. 알프레도에게는 자식이 없고, 토토의 아빠는 전쟁에 나간 후 소식이 없다. 학교를 마치자마자 극장 영사실로 달려가는 토토는 우유 살 돈으로 극장표를 샀다가 엄마에게 혼나기도 한다.

당시 시골 마을에는 별다른 즐길거리가 없었던 터라 영화 관람이야말로 최고의 오락이었다. 마을 사람들은 그곳에서 〈역마

차〉(1939)나 채플린의 영화를 보며, 극장 내에서 담배를 피우고 술을 마시기도 한다. 그러다 멋진 장면이 나오면 박수를 치고 휘파람을 불어대는 활기찬 생활 공간이었다.

마을 신부는 검열관으로서 영화 상영 전, 키스 등 종교적 관점에서 부적합하다고 생각한 신(scene)들을 잘라낼 것을 알프레도에게 요구한다. 토토는 잘린 필름을 갖고 싶어 하지만 알프레도는 훗날 어른이 되면 주겠노라고 한다. 영사기 조작법도 알려달라고 조르지만 역시 거절한다.

학교를 다니지 못했던 알프레도가 토토와 함께 초등학교 졸업 검정 시험을 치르던 날, 토토는 눈치를 주는 그에게 답안지를 슬쩍 보여준다. 그날 이후 알프레도는 영사기 조작법을 토토에게 조금씩 알려준다. 토토는 극장 뉴스를 통해 아버지의 전사 소식을 접한다.

세월이 흐른 후, 영사기 과열로 극장에 불이 나 알프레도가 실명하게 되어, 고등학생으로 성장한 토토가 영사 기사 일을 대신한다. 일을 핑계로 학교를 그만두고자 하는 토토를 알프레도는 극구 말린다.

"이건 네가 할 일이 아니야.
네겐 훨씬 중요한 다른 일이 기다리고 있어."

예쁜 엘레나(아그네즈 나노 분)가 전학 오면서 토토는 사랑에 눈뜬다. 매일 밤 그녀의 집 창문 밑에서 끈질기게 구애하여 그녀의 마음을 차지하게 된다. 하지만 부자인 그녀의 부모는 가난한 집안의 그를 못마땅하게 여겨, 대학 진학을 계기로 딸을 도시로 보내려 한다.

토토에게 군 입대 영장이 나와 마지막으로 극장 앞에서 만나기로 약속한 날, 그녀가 나타나지 않는다. 1년 후 제대하여 돌아오니 극장에는 새로운 영사 기사가 있다. 알프레도는 여자를 잊지 못하는 토토에게 시골 마을을 떠나 로마로 갈 것을 적극 권유한다(이 글 첫 부분 알프레도의 충고 참조).

알프레도의 권유에 따라 로마로 가서 성공한 영화감독(자크 페렝 분)이 된 토토는 그가 죽자 30년 만에 고향을 찾는다. 알프레도의 장례식 운구 행렬이 잠시 머문 극장은 TV와 비디오에 밀려 이미 6년 전에 문을 닫았다. 어릴 적 토토의 천국이었던 극장은 쓰레기로 뒤덮여 있고, 스크린마저 무너져 있다. 극장 주인은 "영화는 이제 꿈일 뿐이죠"라며 아쉬움을 토로한다.

마을 카페에서 한 여학생을 본 순간, 토토는 술잔을 떨어뜨리고 만다. 엘레나를 쏙 빼닮은 것이다. 그 여학생의 집을 추적한 그는 옛 친구가 그 집에서 나오는 것을 보고 놀란다. 엘레나를 두고 경쟁을 했던 녀석이다. 망설이다 그녀의 집으로 전화를 걸자, 그녀는 지난 일이라며 만나기를 거부한다. 그러나 그날 밤 옛날에 함께 자주 갔었던 바닷가에 멍하니 서 있는 토토에게 그녀가 다가온다. 30년 만에 재회한 두 사람의 가슴 아린 대화가

길게 이어진다.[29]

"행복하니?"

"물론이지. 과거는 꿈일 뿐이야."

"널 한 번도 잊은 적 없어."

"난 30년을 기다렸어."

"왜 약속대로 극장에 안 온 거지?"

"극장에 갔었어. 하지만 너무 늦었어."

30년 전, 부모의 만류로 약속 장소인 극장에 늦게 도착한 그녀는 그날 밤 떠난다는 사실을 토토에게 전해달라고 알프레도에게 부탁했다. 그러나 그는 이를 전달하지 않았고, 오히려 "잊어라. 너희 둘은 만나서는 안 돼"라며 거절했다는 것이다. 그녀가 영사실에 남긴 새 주소도 토토가 보지 못했다. 이를 알게 된 토토는 "망할 늙은이…" 하며 탄식을 한다.

고향을 떠날 때 알프레도 부인이 남편이 남긴 것이라며 그에게 필름 한 통을 준다. 그 필름은 어린 토토가 갖고 싶어 했던, 신부 검열에 의해 잘린 키스 신들을 이은 것이다. 토토는 키스 장면들을 보면서 서서히 환한 미소를 머금는다.

---

29 토토와 엘레나가 30년 만에 재회하는 신이 나오는 것은 이 영화의 세 가지 버전 중 '감독판' 버전(173분)이다. 참고로 우리나라에서 1990년에 개봉한 '국제용 축약판' 버전(123분)에는 두 사람이 만나는 장면은 전부 편집되었지만, 오히려 여백의 미가 있어 좋다는 평도 다수 있다.

이탈리아 시칠리아 팔라조 아드리아노 광장
- 영화 〈시네마천국〉 촬영지

영화 속 유년기의 추억과 첫사랑의 그리움이 우리 마음을 촉
촉이 적셔준다. 평화로운 시골 마을을 배경으로 펼쳐지는, 사랑
스런 눈망울의 소년 토토와 그를 푸근하게 안아주는 알프레도의
우정, 힘든 가운데서도 정겹게 살아가는 마을 사람들, 그리고 이
루지 못한 첫사랑의 아련함은 우리의 각박한 현실을 위로하는
오아시스처럼 느껴진다.

알프레도가 토토와 엘레나가 맺어지는 것을 극구 막고, 그를
로마로 떠나도록 강요한 이유가 무엇일까? 그는 토토가 조그만
마을에서 영사기나 돌리는 자신처럼 되지 않고, 큰 도시로 나가
성공하기를 바랐을 것이다. 토토가 키스 신의 달콤한 유혹에 빠

지고, 한 여자에게 매달려 꿈을 잊는 것을 용납할 수 없었기 때문이기도 하다.

알프레도는 시골 영화관을 천국으로 여기고 그곳에서의 첫사랑을 잊지 못한 채 안주하려는 젊은이에게 넓은 세상으로 나가 큰 꿈을 펼치라고 했다. 그는 멘토로서의 귀중한 역할을 한 것이다. 두 사람의 만남을 방해했던 알프레도를 처음에는 용서할 수 없었다던 엘레나가 말했다.

> "그는 당신을 진정으로 이해한 사람이야.
> 우리가 결혼했으면 넌 아마
> 그 위대한 영화를 만들지 못했을 거야.
> 당신 작품 하나도 안 빼고 다 봤어."

어떤 인생이 더 멋있고 가치 있는지는 제3자가 쉽게 말할 수 없으리라. 하지만 앞길 창창한 젊은이에게 지금 눈에 보이는 세상이 모두가 아니라는 사실을 일깨워주어 삶의 선택지를 넓혀준, 멘토로서의 그의 역할은 소중한 것이다. 선택은 어디까지나 당사자 스스로 하는 것이겠지만.

아메리칸 퀼트

(How To Make An American Quilt, 감독: 조셀린 무어하우스, 1995, 미국) ⑮

대학원 졸업을 앞둔 핀(위노나 라이더 분)은 여름방학 중 캘리포니아주에 있는 하이 할머니(엘렌 버스틴 분)의 집에 머물기로 한다. 그곳에서 그녀는 두 가지 과제를 해결하려 한다. 지지부진한 석사학위 논문을 마무리 짓는 것과, 남자 친구 샘과의 결혼에 대해 고민하는 것이다.

핀은 샘으로부터 청혼을 받았지만 결심을 못 하고 있다. 샘과 장래에 대한 의견 차이로 심하게 다투기도 했고, 일찍 이혼한 부모를 지켜본 아픔이 있어 "평생 한 사람만을 사랑할 수 있을까?"라는 의문을 갖고 있기 때문이다. 그녀는 평소 '결혼은 부권의 편익을 위한 시대착오적인 관습'이라는 생각을 지니고 있다. 더구나 잘생긴 근육질의 청년을 수영장에서 만난 이후 더욱 혼란스러워한다.

하이 할머니 집에는 오랜 세월 친구로 지내온 이웃 할머니들의 퀼트(quilt)[30] 만들기 모임이 주기적으로 열린다. 핀을 어렸을

---

[30] 퀼트는 바느질로 천에 예쁜 모양을 넣거나, 천을 잇대어 바느질하며 모양을 만들어내는 수공예품을 말한다.

때부터 지켜봐온 할머니들은 그녀를 친손녀마냥 대한다. 이번 모임에서는 핀에게 결혼 선물로 줄 웨딩 퀼트를 만들기로 하고, 그 주제를 '사랑이 머무는 곳'으로 정한다.

퀼트 모임이 진행되는 동안, 할머니들은 핀에게 자신들이 살아온 인생과 사랑 얘기를 들려준다. 하이 할머니는 뜻하지 않은 상황에서 형부와 불륜을 맺은 적이 있어, 언니와 불편한 관계였다. 긴 세월이 지난 지금, 자매는 한 집에서 서로 의지하며 살고 있다. 다이버였던 소피아는 젊은 시절 열정적인 연애를 했지만 결혼생활에서 만족을 얻지 못했고, 남편은 영영 떠났다는 얘기를 들려준다. 나이 들면서 싫어했던 보수적인 어머니의 모습을 자기가 닮아가는 것도 알게 되었다고 한다.

화가와 결혼한 엠은 결혼 후에도 계속된 남편의 바람기 문제로 고통스러웠다고 술회한다. 이혼을 결심하고 친정에 갔지만, 부모의 강요로 돌아온 그녀는 훗날 남편이 나름대로 자기를 사랑하고 있음을 알게 되었다는 얘기를 들려준다. 그녀는 핀에게 "바람기는 남자의 본성이라 생각하고 버텼다"라고 덧붙여 얘기했다. 핀은 죽은 남편에 대한 그리움을 안고 사는 콘스탄스의 얘기도 듣는다.

모임의 리더로서 퀼트의 생명은 '균형과 조화'에 있다고 강조하는 흑인 할머니 안나(마야 안젤루 분)는 하녀로 일하던 집의 백인 아들과 눈이 맞아서 임신을 했었다는 얘기를 들려준다. 인종차별의 벽을 넘지 못했던 그녀는 핀의 할머니 집에서 일하면서 딸을 낳았다. 입양시키라는 주변의 권유를 뿌리친 그녀는 "내 운명은 남자가 아니라 딸에 대한 사랑"이라며 딸을 직접 키웠다고 한다.

그녀의 딸인 매리아나는 파리에서 이름 모르는 유부남과의 꿈 같은 하룻밤을 보낸 후, 아직도 그 남자를 잊지 못하고 있다고 핀에게 고백한다. 매리아나는 그날 남자가 남긴 시를 고이 간직하고 있다.

> 젊은 연인은 완벽함을 갈망하고,
> 오래된 연인은 조각을 잇는 능력을 터득해
> 가지각색의 조각들 안에서 아름다움을 본다.

이 시는 퀼트의 의미를 말해준다. 비록 할머니들은 핀에게 '충고'는 한마디도 하지 않았지만, 핀은 그녀들이 들려주는 얘기를 들으며 진정한 삶과 사랑의 의미를 깨달아간다. 사람마다 삶과 사랑의 방식이 다르고, 그것들은 각각 의미가 있다는 것을 느낀 것이다.

어느 날 그녀의 엄마가 찾아와 아빠와 재결합하기로 했다고 선언한다. "엄마 때문에 결혼은 미친 짓이라 생각했어"라며 떨떠름해하는 핀에게, 엄마는 "네 인생은 네가 사는 거야"라고 한다.

이윽고 할머니들의 퀼트는 완성되었다. 거기에는 할머니들 각자의 행복했거나 슬펐던 기억, 아름다운 추억, 그리고 분노와 회한이 수놓아져 있다. 하이 할머니는 잠든 핀에게 그 퀼트를 따스하게 덮어준다. 다음 날 퀼트로 온몸을 감싼 핀은 먼 길을 달려온 남자 친구 샘과 키스를 하며 다짐한다.

"샘과의 결혼생활이
어쩌다 한 번씩은 삐걱거리기도 하겠지만,
난 우리 사랑을 행복한 쪽으로 기울게 하겠다. …
무엇보다 중요한 건 서로 간의 조화다."
"인생에 정해진 원칙은 없다.
본능에 따르되 소신을 갖고 하면 된다."

 핀은 퀼트 조각에 새겨진 할머니들의 삶을 이해한 만큼, 살아
가면서 그 퀼트에 담긴 의미와 조언을 되새길 것이다. 퀼트를 이
루고 있는 조각 하나하나는 전체와 조화로운 것도 있고 어울리
지 않는 것도 있다. 인생에서 행복했던 순간들은 그 순간들대로,
힘들었던 순간들은 그것대로 우리 삶을 엮어나가는 소중한 부분
이라고 영화는 말하고 있다. 할머니들은 퀼트를 통해 핀의 진정
한 평생 멘토가 된 것이다.

"삶을 하나의 무늬로 바라보라.
행복과 고통은 다른 세세한 사건들과 섞여들어
정교한 무늬를 이루고,
시련도 그 무늬를 더해주는 재료가 된다.
그리하여 마지막 순간이 다가왔을 때
우리는 그 무늬의 완성을 기뻐하게 될 것이다."
— 영화 속 대사 —

사랑의 퀼트

― 누구나 성인이 될 수 있다! ―
세인트 빈센트

(Saint Vincent, 감독: 데오도르 멜피, 2015, 미국) ⑫

　초등학생인 올리버(제이든 리버허 분)는 선생님이 부여한 과제인 '우리 주변의 성인' 발표를 준비하는데, 그가 선정한 성인은 색다르다. 위인전집에 수록된 성인을 떠올린 다른 친구들과는 달리 그는 자기 옆집에 사는, 주당에 골초이며, 빚에 허덕이는 늙은 노인 빈센트(빌 머레이 분)를 선정한 것이다.

　　"제가 주변의 성인으로 뽑은 분은

까칠하고, 도박하고, 욕하고, 거짓말하고 속여요.
겉으로 보기에 자격 미달로 보일 수도 있지만 …
'용기', '희생', '동정심', '인간애'가 성인의 조건인데
빈센트 씨가 그렇습니다."

올리버는 엄마(멜리사 맥카시 분)와 아빠가 갈라서자, 엄마를 따라 새 동네로 이사 온다. 등교 첫날, 못된 아이들에게 열쇠를 뺏겨 집에 들어가지 못하게 된 올리버는 옆집에 사는 노인 빈센트의 손에 맡겨진다. 병원 간호사로 초과근무가 많은 올리버의 엄마가 그에게 아이 돌봄을 부탁한 것이다.

빚에 시달려 한 푼이라도 아쉬워 수락한 그는 아이 엄마가 알면 깜짝 놀랄 짓을 서슴지 않는다. 술집과 경마장에는 물론, 스트리퍼인 여자 친구를 만날 때도 올리버를 데려간다. 허약 체질이라 친구에게 얻어맞는 올리버를 구해주고, 싸움 기술도 가르친다.

그는 자신은 정어리 통조림 한 캔으로 식사를 해결할지언정 키우는 고양이에게는 고급 사료를 사 먹인다. 어려운 형편에도 불구하고 치매에 걸린 아내를 고급 요양원에 입원시킨 그는 매주 방문하여 직접 빨래도 해주며 함께 시간을 보낸다. 그 병원에 올리버를 데려가기도 한다. 올리버는 그런 빈센트를 '까칠하면서 멋지다'라며 잘 따른다. 예순 넘은 철부지 노인과 그를 따르는 열 살의 철든 애어른은 서서히 친구가 되어간다.

어느 날 빚 상환을 독촉하는 사채업자 무리들에게 시달리던

빈센트가 뇌졸중으로 쓰러진다. 올리버와 엄마, 그리고 그의 여자 친구 등이 재활치료를 적극 돕는다. 병원에 입원해 있는 사이 아내가 죽자, 빈센트는 "사랑했어. 죽도록 사랑했어"라며 눈물을 흘린다. 올리버를 술집과 경마장에 데리고 다닌 사실을 알게 된 엄마는 아이를 더 이상 그에게 맡기지 않는다. 빈센트는 올리버와 헤어지며 "제대로 살아. 나처럼 살지 말고" 하며 손을 꼭 잡는다.

이후, 올리버는 과제 발표 준비에 몰두한다. 그의 부인이 입원했던 요양원을 찾아가 팔 년간 아내 간병에 정성을 다한 사실을 확인한다. 그의 친구를 만나 월남전에서 훌륭한 전과를 세워 훈장을 탄 사실도 밝혀낸다. 물론 자기에게 남자다운 용기를 심어준 것도 기억한다. 그런 후에 올리버는 자기 주변 사람 중 가장 훌륭한 사람으로 빈센트를 선정한 것이다. 발표를 마친 올리버는 그 자리에 참석한 빈센트에게 메달을 걸어준다.

성인이라 하면 흔히 슈바이처 박사 같은 위인을 꼽지만, 그런 분들만이 성인인 것은 아니라고 영화는 말한다. 우리 주변에 평범한 성인들이 많이 있고, 또 평범한 우리도 누군가에게 성인과 같은 역할을 할

내 이웃의 성인

수 있다는 메시지를 담고 있다. 올리버의 발표대로 개인적인 결

점에도 불구하고, '용기', '희생', '동정심', '인간애'로 사람을 돕는다면 의미 있는 삶이라 할 수 있다.

영화는 힘들고 외롭게 살아가는 사람들을 따뜻한 시선으로 바라본다. 아빠 없이 자라는 올리버와 초과근무로 힘겨운 싱글맘, 이민자 출신의 가난한 스트리퍼, 그리고 엉뚱한 짓을 연발하지만 아내를 끔찍이 사랑했던 빈센트 등은 서로 의지하며 배려를 아끼지 않는다.

제3부

가족, 사랑과 미움의 굴레

귀가

엄마와 딸, 애증의 세월

〈친정 엄마〉
〈가을 소나타〉
〈돌로레스 클레이븐〉

— 친정 엄마와의 2박 3일간 특별한 여정 —

친정 엄마

(감독: 유성엽, 2010, 한국) 전체

결혼 5년차에 딸 하나를 둔 지숙(박진희 분)은 오랜만에 고향집에 홀로 사는 친정 엄마(김해숙 분)를 찾았다. 남편과 어린 딸을 떼어놓고 혼자 온 딸을 맞은 엄마는 "오매 오매 내 새끼 왔는가" 하며 반가워하면서도 무슨 일이 있는지 걱정이 앞선다. 지숙은 그냥 엄마가 보고 싶어 왔다고 하며, 거듭되는 질문에 짜증을 낸다. 오래전에 엄마가 딸에게 한 애기가 있다.

"너 서울 가서 공부허고 취직허고 시집가면은…
그때 오는 것은 친정에 오는 것이제.

너그 집에 오는 것이 아니랑게."
"결혼한 여자가 속상할 때 갈 곳이 없다면
얼마나 서러운지 아냐?
속상한 일 생기면 친정에 와.
문제 해결은 못 해줘도
네 얘기 속 시원하게 들어줄 거야."

모녀의 특별한 여정이 2박 3일간 이어진다. 함께 내장산 단풍놀이 가서 돌탑을 쌓고, 흐르는 계곡물에 단풍잎도 띄워본다. 읍내에 들러 옷도 사고, 외식을 하는데 엄마가 풀떼기뿐인 밥값이 비싸다며 타박을 한다. 모녀는 사진관에 들러 예쁜 포즈로 나란히 앉아 사진을 찍는데, 딸은 사진사에게 뭔가를 부탁한다. 밤에는 평상에 누워 별을 보며 옛이야기도 도란도란 나눈다.

엄마는 아들보다 딸 지숙을 더 챙겼다. 그러나 지숙은 사춘기 시절, 촌스러운 모습이 창피하다며 학교에 온 엄마를 돌려보낸 적이 있다. 술에 취한 아빠가 엄마를 구박하며 폭행을 하자, 지숙은 엄마에게 "엄마, 아빠랑 살지 마. 왜 맞고 살어" 하며 울었다. 그러자 엄마는 "내가 없으면 네가 더 힘들 거야. 나 하나 참으면 되는 것을" 하면서 딸을 다독였다. "엄마 때문에 못살아!" 하며 딸이 투정을

모성

해도 "난 너 때문에 살겠는디" 하며 웃어넘긴 엄마다.

하루라도 빨리 지긋지긋한 고향집과 부모를 벗어나고 싶어 하던 지숙이 서울에 있는 전문대학교에 장학생으로 합격하자, 엄마는 동네방네 자랑한다. 서울로 자취하러 떠나는 딸에게 "서울에는 이런 거 없제" 하며 보따리를 바리바리 싸준다. 졸업 후 방송 작가로 취직한 딸에 대한 자랑이 여전하다.

딸의 결혼을 앞둔 상견례 자리에서 예비 사돈이 자기 아들은 유학 다녀왔다며 전문대학 출신인 신부와는 차이가 많이 난다는, 모욕에 가까운 말을 한다. 자기 딸이 세상에서 제일 잘나고 예쁘다고 생각하는 엄마는 맞대응을 하고는 자리를 박차고 나온다. 하지만 "자식 앞길 막는 에미는 없다"라며 사돈댁을 방문하여, "나가 무식해서 그랬습니다. 나는 무식해도 우리 딸은 안 그렇습니다"라며 용서를 구한다.

결혼해서도 일에 바쁜 딸에게 택배로 온갖 반찬과 야채를 보내주며 딸 사랑은 끝이 없다. 그러나 지숙은 엄마가 모처럼 전화를 걸어오면 일이 바쁘다며 쉽게 전화를 끊었다.

모처럼 친정에 온 딸이 몸이 피곤하다며 수시로 드러눕고, 소화가 잘 안된다며 밥상을 물리자 엄마의 걱정이 커진다. 옛날에 자기가 잘못했던 일을 불쑥 꺼내며 새삼스럽게 뒤늦은 용서를 구하는 딸을 보는 엄마는 왠지 불안해진다. 딸 몰래 사위에게 전화를 걸자, 한참 망설이던 사위는 "지숙이가 좀 아파요. 췌장암 말기래요"라고 힘겹게 말한다.

놀란 가슴을 겨우 진정시킨 엄마는 서울로 돌아가려는 딸에게

"좀 더 있다 가면 안 되겠니?"라며 붙잡는다. 딸은 "나도 내 새끼 봐줘야지. 다음 달에 또 오면 되지"라고 한다. 기차역에서 눈물을 참지 못한 엄마가 통곡을 하며 딸을 부둥켜안는다.

> *"엄마가 널 지켜줄 거야,*
> *이 세상 끝까지 가서라도."*

어느 눈 내리는 날, 딸을 가슴에 묻은 엄마는 넋두리를 한다.

> *"아가, 내 새끼야.*
> *내가 이 세상에 와서 젤로 잘한 것이*
> *너를 낳은 것이다.*
> *그리고 젤로 후회되는 것도*
> *너를 낳은 것이다.*
> *다음 세상에도 꼭 내 딸로 태어나줘야 한다.*
> *사랑한다. 내 새끼!"*

읍내 나들이 가서 모녀가 함께 찍었던, 방 벽에 걸린 사진에 "엄마, 사랑해!"가 적혀 있다. 사진 찍던 날, 지숙이가 사진사에게 부탁했던 것이다.

시장이나 카페에서 또는 관광지에서 모녀가 함께 여행하는 모습을 자주 볼 수 있다. 친구 또는 자매처럼 다정하게 보인다. 하지만 가족 관계 중 '엄마와 딸'은 독특한 관계라고 한다. 가족 관계 전문가에 의하면[31] 딸과 엄마는 친해지기를 원하면서도 동시에 떨어지고 싶은 양면적인 충동을 느낀다고 한다. 엄마가 지닌 내면의 상처와 일상에서 표출되는 부정적인 감정을 딸이 너무 싫어하기 때문이라고 한다. 즉, 딸은 엄마의 그러한 부정적인 감정을 스펀지처럼 자기 내면에 받아들이기 때문이다.

딸은 그런 엄마를 '연민과 경멸'의 시선으로 바라볼 수 있다. 영화 속 엄마는 남편으로부터 구박과 폭행을 당하며 살았다. 딸은 차라리 이혼하라고 하지만, 엄마는 너 때문에 이혼할 수 없다고 한다.

남편과 소통이 안 되고 자녀를 위해 이혼하지 않는다고 입버릇처럼 말하는 여자는 부부관계에서 오는 외로움과 친밀감의 결핍을 딸과의 애착 관계를 통해 해결하려는 경우가 많다고 한다.[32] 다행히 영화 속 모녀는 '2박 3일간의 여정'을 통해 소통과 치유의 시간을 가짐으로써 서로의 존재와 사랑을 확인하게 된다.

31 최광현, 『가족 공부』 EBS북스, pp. 37-59
32 최광현, 앞의 책, p. 55

가을 소나타

(Autumn Sonata, 감독: 잉마르 베리만, 1978, 스웨덴) ⑫

단풍이 아름답게 물든 어느 가을날, 노르웨이의 작은 마을에 사는 에바(리브 울만 분)는 피아니스트인 엄마 샬롯(잉그리드 버그만 분)을 집으로 초대한다. 연주 여행차 세계를 순회하느라 바쁜 샬롯은 얼마 전 죽은 연인 생각에 상심해 있다. 7년 만에 재회한 엄마는 딸을 반갑게 포옹하지만, 의례적인 안부만 묻고는 연인을 잃은 슬픔과 피아니스트로서의 고충 등 자기 얘기만 늘어놓는다.

여동생 헬레나가 2년 전부터 자기 집에 함께 있다고 에바가 말하자 샬롯의 얼굴이 굳어진다. 전신마비를 앓는 헬레나는 그동안 요양원에 방치되어 있었다. 샬롯은 "걔는 요양원에 잘 있는 것 같더니"라며 불편한 기색을 감추지 못한다. 그녀에게는 가정과 자식보다는 예술가로서 피아노 연주가 우선이었다. 잘나가는 그녀에게 전신마비를 앓는 딸은 외면하고 싶은 어두운 그늘이었다. 그러나 막상 막내딸을 만나자 "매일 네 생각 했단다. 요양원에 있는 줄 알고 한번 들르려고 했어" 하면서 다정하게 포옹한다. 이를 지켜본 에바는 엄마의 위선적인 태도와 감쪽같은 연기에 놀란다.

호수의 가을

저녁 식사 후, 모녀는 피아노 앞에 앉는다. 에바가 쇼팽의 피아노곡을 연주하고는 평을 부탁한다. 의례적인 칭찬으로 넘기려던 샬롯은 딸의 거듭된 부탁에 "네 연주는 맥이 빠졌어… 자신감, 열정, 고뇌를 담지 못했어"라며 혹평을 하고는 자신이 시범 연주한다.

우아한 자세로 자신감 있게 연주에 몰입하는 엄마를 뚫어지게 바라보는 에바의 표정이 점차 굳어진다. 평생 엄마의 인정과 칭찬에 목말라했던 딸은 엄마의 차가운 평가와 건반 위 현란한 손놀림에 주눅이 들면서 거리감과 모멸감을 느낀 듯하다.

그날 밤, 샬롯이 악몽을 꾼 듯 고함을 지르자, 놀란 딸이 엄마를 찾는다. 잠이 달아난 두 사람은 긴 대화[33]를 나눈다. 이야기가 길어지면서 에바의 말투에는 불만과 소외감이 묻어나고, 심지어 증오심마저 느껴진다.

> "엄마는 8개월 동안
> 다른 남자와 사랑에 빠졌었어요.
> 그때 제가 아빠를 위로해드렸어요."
> "전 엄마가 시간 날 때 갖고 노는 인형이었죠.
> 제가 아프거나 말 안 들으면
> 유모에게 줘버렸어요. …
> 엄마는 문 닫고 일했고, 방해해선 안 됐죠."
> "헬레나는 한 살 때 버려졌어요.
> 병이 심해지자 보호소에 보냈죠."

샬롯은 딸이 쏟아내는 울분, 원망, 증오가 담긴 말에 제대로 대꾸하지 못한다. 당황한 그녀는 음악과 가정생활을 양립하기 어려웠다고 변명하지만, 딸의 울분은 그치질 않는다.

> "엄마는 절 가뒀어요. 사랑이란 미명하에."
> "제가 어떻게 엄마를 거역해요.
> 엄마가 원하는 말과 행동만 했죠."

---

33 영화 전체 상영 시간 90여 분 중 40여 분이 모녀의 대화로 채워져 있다.

"엄마는 자신의 울분을 내게 쏟으셨어요."
"엄마와 딸이란 관계는
감정과 혼란, 파괴의 최악의 결합이네요.
엄마의 상처를 딸에게 물려주죠.
엄마의 실망에 딸들이 보답해야 하고.
딸의 불행이 엄마의 행복인가요?
내 슬픔이 엄마의 기쁨인가요?"

샬롯은 지나간 모든 것들이 잘 생각나지 않는다며 거듭 변명
한다.

"너와 네 아빠 때문에
연주를 포기한 적도 있었어."
"내가 부모로서의 감정 표현은
오직 음악을 통해서였어.
난 항상 네가 두려웠어.
네가 날 안아주고 위로해주길 바랐어."
"네가 바라는 것들이 무서웠어.
엄마 노릇 하기 싫었다."

긴 대화 끝에 샬롯은 "얘야, 날 용서해줄 수 있겠니?"라며 딸에
게 용서를 구한다. 그러나 그녀는 "오래 있으면서 함께 피아노
치자꾸나"라며 집에 들어설 때 자기가 했던 말을 잊은 듯, 다음

날 바쁘다며 서둘러 딸의 집을 떠난다. 밤새 엄마를 애타게 찾던 헬레나를 다시 만나지도 않았다.

샬롯이 떠난 후, 에바는 너무 많은 것을 기대한 자신을 반성한다며, "제 삶에서 엄마를 지우지 않겠어요. 포기하지 않아요" 하는 내용이 담긴 편지를 엄마에게 쓴다. 샬롯은 그 편지를 어떻게 받아들일 것인가? 감독은 파국으로 치달은 모녀 관계에 아직 일말의 희망이 있음을 보여준다. 가족 또는 엄마와 딸의 관계는 단칼로 쉽사리 자를 수 없는 질기디질긴 인연이기에.

〈가을 소나타〉는 자존감과 성취욕이 강한 엄마와 평생 엄마의 따뜻한 보살핌을 받지 못한 채 억압받고 소외되었다고 느끼며 살아온 딸 간의 오랜 애증(愛憎) 관계가 선명하게 그려진 작품이다. 영화평론가 송경원은 "〈가을 소나타〉는 사랑이란 이름의 기대와 배려가 얼마나 잔인한 것인지, 상대를 이해하고 인정한다는 것이 얼마나 지난한 일인지를 알려준다"라고 평했다.

영화 속 엄마와 딸은 정신적으로 미성숙한 존재로 보인다. 예술가로서는 성공한 샬롯이지만 가족을 사랑하는 방식을 잘 몰라 외면하고 변명으로 일관한다. "네가 날 위로해주길 바랐어"라며 오히려 딸에게 기대는 정황도 있다. 에바는 성인이 되어서도 자신과 동생의 불행의 근원을 엄마에게서 찾는다. 이에 대해 "가해자에게 분노와 원망을 쏟아내는 게 아니라 무기력하게 상처를 떠안을 수밖에 없던 나약한 '나' 자신을 존중하고 용서하는 것이 필요하다'[34]라는 전문가의 지적이 있다.

예술인으로서의 자존감과 엄마로서의 죄책감에 사로잡혀 격렬한 감정 변화를 열연한 잉그리드 버그만은 촬영 당시 유방암에 걸린 상태였다고 한다. 이 작품은 그녀의 유작이 되었다. 그녀는 가족을 버리고, 유부남이었던 이탈리아 영화감독인 로베르토 로셀리니[35]와의 사이에 세 아이를 낳은 전력이 있다. 그래서 가족을 돌보지 못한 죄책감에 사로잡힌 엄마 배역에 더욱 몰입했을지도 모른다는 생각이 든다.

이 영화는 골든 글로브 외국어 영화상을 수상했다. 우리나라에서는 같은 제목의 연극이 2009년 초연(손숙, 추상미 출연)되었다.

— 엄마의 마음을 영원히 모를 수도 —

돌로레스 클레이븐

(Dolores Claiborne, 감독: 테일러 핵포드, 1994, 미국) ⑱

뉴욕의 신문사 기자인 셀리나(제니퍼 제이슨 리 분)에게 엄마 돌로레스(캐시 베이츠 분)가 가정부로 일하던 집의 노부인(老婦人) 베라를 살해한 혐의로 구속됐다는 신문 기사가 전해진다. 셀리나

---

34 최명희,『중년의 심리학』, p. 264

35 로베르토 로셀리니(1906~1977): 이탈리아 네오리얼리즘의 걸작을 남긴 감독이다. 주요 작품으로는 〈무방비 도시〉, 〈전화의 저편〉, 〈로베레의 장군〉 등이 있다.

는 15년 전 증오하며 떠났던, 개기일식(皆旣日蝕)으로 유명한 미국의 메인주 외딴섬의 고향집을 방문한다.

엄마는 딸에게 베라를 절대로 죽이지 않았다고 주장한다. 사건 담당 형사는 과거에 셀리나 아버지의 죽음을 수사하였는데, 당시 그는 돌로레스를 유력한 용의자로 지목하고 수사를 진행했다. 하지만 증거불충분으로 유죄를 끌어내지 못했기에 이번에는 철저히 수사하리라 단단히 벼른다.

돌로레스의 남편 조는 뚱뚱하고 요리도 못한다며 그녀의 흉을 보고 폭행까지 일삼았다. 술주정뱅이 남편의 학대와 고된 가정부 일에도 유일한 희망인 딸 셀리나를 위해 참고 견뎠던 그녀는 어느 날 어린 딸이 남편으로부터 성추행을 당한 것을 알게 되었다. 돌로레스는 딸과 함께 섬을 탈출하기 위해 예금을 찾고자 은행에 갔으나, 조가 이미 그 돈을 몽땅 인출한 뒤였다. 그것은 셀리나의 교육 신탁자금으로, 그녀가 평생 가정부로 일하며 모은 돈이었다. 절망감에 빠진 그녀의 사정을 들은 베라는 의미심장한 말을 했다.

"남편들은 매일 죽어, 돌로레스."
"세상에 모든 사고가
모두 우연히 일어나는 것은 아니야.
때론 악녀가 되는 것이
생존을 위한 최후의 수단이야."

베라의 남편은 과거에 바람을 피우다가 의문의 자동차 사고로 죽었다. 섬에 개기일식 축제가 벌어지던 날, 돌로레스는 남편 조에게 술자리를 마련해주고는 돈과 딸 추행 문제를 거세게 추궁했다. 술에 취해 흥분한 조는 도망치는 그녀를 뒤쫓다가 우물에 실족하여 사망했다. 오랫동안 버려져 풀로 뒤덮여 있던 우물로 가는 길을 미리 파악해놓은 그녀가 그 길로 남편을 유인한 것이다.

그 순간 개기일식이 완성되어 왕관 모양이 하늘을 장엄하게 장식했다. 축제를 즐기던 사람들이 일제히 환호성을 질렀다. 태양이 남성을 상징한다면 달은 여성을 상징한다. 그래서 달이 태양을 완전히 가리는 개기일식은 여성이 남성을 제압한다는 뜻으로 읽힌다.

당시 구체적 내용을 알지 못했던 셀리나는 평소 부모가 싸우던 모습, 그리고 엄마가 아빠를 죽였다는 심증하에 수사를 진행하는 경찰의 얘기만을 듣고 엄마에 대한 증오심을 품은 채 고향을 떠났던 것이다. 이번 사건으로 그녀는 엄마를 더욱 의심하게 되었다. 수시로 술을 마시고 가방에 수면제와 신경안정제가 들어 있는 것으로 미루어 보아, 셀리나 역시 긴 세월 동안 힘든 삶을 살아온 것 같다.

엄마를 위해 변호사를 선임해준 후, 특종거리가 있다며 뉴욕으로 돌아가는 길에 셀리나는 엄마가 건넨 녹음 테이프를 듣는다. 그 테이프에는 성추행에 관한 이야기가 녹음되어 있다. 배에서 아빠를 닮은 남자를 우연히 만나면서 그녀는 과거에 아빠가 자기에게 행했던 성추행 기억을 비로소 되살린다. 끔찍했던 기억을 술과 약물에 의존하며 그동안 억지로 지웠던 것이다. 그리고 의절하다시피 지낸 동안에도 엄마가 자기에 관한 기사를 스크랩하여 보관하고 있는 것도 알게 된다.

그제야 자기를 진심으로 사랑하고 지키려 했던 엄마의 마음을 알게 된 그녀는 발길을 돌려 엄마가 심리를 받는 경찰서에 간다. 형사는 돌로레스를 유력한 용의자로 확신하고 심문을 진행하고 있다. 법정 출입기자 경력이 있는 그녀는 형사에게 물증 없이는 유죄가 되지 않는다는 주장을 펴면서 베라가 남긴 유언장 얘기를 꺼낸다.

"두 여인은 서로 사랑했어요.

22년간 함께 살았어요.

엄마는 유언을 몰랐어요.

사전에 알았다면 8년 동안 어떻게 간병했을까요?"

18년 전부터 돌로레스는 베라의 저택에서 가정부로 일했다. 자식이 없는 베라 부인은 8년 전에 작성한 유언장에서 헌신적으로 일해온 돌로레스에게 전 재산을 남겼다. 경찰은 이를 근거로 그녀에게 혐의를 두었으나, 셀리나는 역으로 이를 지적한 것이다.

사건의 실체는 중병의 고통을 더 이상 견디기 어렵다고 생각한 베라가 자살하려 휠체어를 탄 채로 스스로 2층에서 굴러떨어진 것이다. 돌로레스가 이를 말리려 했으나, 베라는 그녀의 팔을 물어 뿌리치고 추락했다. 심하게 다친 베라는 곁에 있던 돌로레스에게 "이제 삶을 끝내고 싶다"라며 고통을 빨리 덜어달라고 간절히 애원하였다. 돌로레스가 몽둥이를 들고 갈등하는 순간, 마침 방문한 우체부가 이를 목격하고 신고한 것이다. 조사 끝에 무혐의로 풀려난 엄마와 딸은 대화를 나눈다.

"이젠 네 걱정 안 해도 될까?"
"제가 엄마 마음을 다 알 수 있을까요?
영원히 모를지도….”

이 영화는 딸을 지키기 위해 모든 걸 희생하고, 끝까지 강인하게 버텨온 엄마의 모습을 보여주고 있다. 하지만 딸은 자세한 내용을 알지 못하면서 엄마에 대한 오해와 증오를 품고 살아오다가 오랜 세월이 흐른 후에야 진실을 알게 된다. 이 영화는 모녀간의 갈등 외에도 여성 학대, 가정 폭력과 정당방위 인정 여부, 여성 간의 연대, 근친 성추행, 그리고 동성애 등에 대한 얘기도 함께 담고 있다. 그래서 이 영화는 페미니즘 영화의 한 전형으로 꼽힌다.

3-2.
아버지, 당신은 누구십니까?

〈에덴의 동쪽〉+〈이유 없는 반항〉
〈샤인〉
〈사도〉

— 아들은 아버지를 미워하는 동시에 사랑받고 싶어 한다 —

에덴의 동쪽
(East Of Eden, 감독: 엘리아 카잔, 1956, 미국) ⑮

이유 없는 반항
(Rebel Without a Cause, 감독: 니콜라스 레이, 1955, 미국) 전체

〈에덴의 동쪽〉과 〈이유 없는 반항〉, 두 영화에는 공통점이 있다. 단 세 편[36]의 영화로 할리우드의 전설이 되었고, 불과 24세의 나이에 하늘의 별이 된 '영원한 청춘스타' 제임스 딘이 주연이다. 그리고 두 편의 영화 속

영화 〈이유 없는 반항〉
포스터

---

36 이외에 〈자이언트〉(Giant, 감독: 조지 스티븐슨, 1957)가 있다.

젊은 주인공들은 모두 아버지의 관심과 사랑에 목말라한다.

〈에덴의 동쪽〉의 기본 줄기는 구약성서에 나오는 카인과 아벨 형제[37] 이야기다. 동생 칼(제임스 딘 분)은 거칠고 반항적인 기질이 강한 반면, 형 애론은 착하고 공부 잘하며 신앙심이 깊다. 독선적인 성격의 아버지는 칼에게 집 나간 부도덕한 아내의 피가 흐른다며 냉대를 하고, 착실한 애론을 감싼다. 형제는 아버지가 말한 대로 엄마가 죽은 줄로 알고 있다. 아버지가 반항적인 칼에게 "넌 속속들이 틀렸어. 형은 어릴 적부터 착했는데…"라고 하자, 늘 아버지의 사랑에 목말라하던 그는 자포자기 심정에 빠진다.

> "아버지 말이 맞아요. 난 나쁘죠.
> 형은 항상 착하고요.
> 자식은 부모로부터 선과 악을 받는다는데
> 난 악을 받았어요."

캘리포니아에서 채소 농사를 크게 짓는 아버지가 미국 동부로 양상추를 신선하게 운반하기 위해 얼음 냉장을 시도하다가 큰 실패를 하자, 칼은 아버지를 도와드려야겠다는 결심을 한다. 엄

---

37 아벨은 하느님의 선택을 받으나 카인은 선택을 받지 못하고 동생을 죽인 최초의 살인자가 된다. '에덴의 동쪽'은 카인이 동생을 죽인 후 추방된 장소이다.

마가 살아 있다는 소문을 들은 그는 수소문 끝에 술집 경영으로 부자가 된 그녀를 찾아간다. 엄마를 설득하여 거금을 빌려 콩 농사를 지은 그는 마침 제1차 세계대전이 발발하여 곡물 값이 크게 오르는 바람에 큰돈을 번다.

아버지의 생일날, 돈 봉투를 내밀자 아버지는 전쟁을 이용하여 번 돈은 받을 수 없다며 오히려 "올바르게 살아라"라며 꾸중한다. 반면 형이 약혼녀를 소개하자 아버지는 크게 기뻐한다. 질투심에 사로잡힌 칼이 형을 엄마에게 데려간다. 정숙하리라 생각했던 엄마가 술집과 도박장을 운영하고 있다는 사실을 알게 된 애론은 충격을 받고 입대하여 전사한다. 아들의 전사 소식에 아버지도 충격을 받아 뇌졸중으로 쓰러진다. 칼의 진심을 이해하게 된 애론의 약혼녀가 그의 아버지 손을 잡고 간절히 말한다.

"사랑받지 못한다는 것은 끔찍한 일이에요.
칼이 떠난대요.
사랑한다는 걸 보이셔야 해요."

그녀는 칼에게도 아버지에게 진정한 속마음을 전할 것을 애원한다. 죄책감을 느낀 칼은 미동도 않는 아버지께 용서를 빌고 집을 떠나겠다고 한다. 그때 의식을 겨우 되찾은 아버지는 입을 달싹거리며 힘겹게 이야기한다.

"칼, 부탁이 있다. 나를 위해…
다른 사람 말고, 내 곁에 있어줘."

이 영화는 미국의 노벨문학상 수상 작가인 존 스타인벡이
1952년에 발표한 동명의 원작 소설 중 후반 일부를 영화화한 작
품이다. 할리우드에서 최초로 선과 악을 다른 각도에서 볼 수 있
다는 것을 그린 영화로 유명하다.

〈이유 없는 반항〉 속 세 젊은이들도 아버지의 사랑에 목말라
한다. 짐(제임스 딘 분)은 자기의 고민을 이해해주지 못하는 아버
지와 사사건건 부딪힌다. 반면 그의 아버지는 사고뭉치 아들을
이해하지 못한다.

"해줄 만큼 해줘도 왜 이러지?
원하는 건 다 사줬잖니."

주디(나탈리 우드 분)도 아버지의 진정한 사랑을 원하지만, 고지
식한 그는 도덕적인 말만 늘어놓는다. 이들의 친구 존은 아버지
가 어디에 있는지 모르며, 엄마마저 자기 생일날 여행을 떠나 버
림받았다고 생각한다.

이사 온 첫날, 술에 취해 길에 쓰러진 짐은 경찰서로 연행된
다. 그곳에서 아버지와 싸우고 가출한 주디, 그리고 강아지를 쏴
죽인 존을 만난다. 담당 경관은 짐에게 "네 속이 부글부글 끓어

오르면 사고 치기 전에 내게 올래?"라고 제안한다.

등교 첫날, 짐은 옆집에 사는 예쁜 주디에게 관심을 보인다. 학교에서 패거리의 대장인 버즈는 시비 끝에 짐에게 결투를 제의한다. 고민에 빠진 짐이 아버지와 상의하지만, "이쪽 저쪽 함께 검토해야 돼"라는, 하나 마나 한 충고만 돌아온다. 겁쟁이라는 낙인을 받기 싫은 그는 결투에 나선다. 자동차로 절벽 끝을 향해 달리되 먼저 차에서 내리는 사람이 지는, 위험천만한 '치킨런(Chicken Run)' 게임이다.

절벽 끝부분에 다다라 짐은 차에서 빠져나오지만, 버즈는 옷깃이 차 문에 끼이는 바람에 탈출하지 못하고 절벽 아래로 떨어져 죽는다. 죄책감을 느낀 짐이 자수하겠다고 하자, 아버지는 "너 혼자 책임질 일이 아니다"라며 말린다. 사고 치기 전에 자기에게 오라고 했던 경관을 찾아가지만 자리에 없다. 그 경관은 짐에게 아버지를 대신할 수 있는 유일한 어른이었다.

버즈의 친구들이 짐에게 복수하려 하자, 짐은 주디와 함께 마을 근처 성채처럼 큰 빈집으로 피신하고 존도 합류한다. 세 사람은 그 집이 마치 자기들만의 궁전인 양 '신혼부부 놀이'를 하면서 즐거워한다. 짐과 주디는 서로에게 사랑을 고백한다. 가족으로부터 외면받아온 이들이 '유사 가족'을 꿈꾼 것일까? 버즈의 친구들이 몰려오자, 존이 그들과 다투다가 엉겁결에 지니고 있던 호신용 권총으로 버즈의 친구 한 명을 쏴 죽인다. 그는 천문대 안으로 도망가고, 경찰과 부모들도 사건 현장에 도착한다.

짐의 간곡한 권유로 존이 자수하려 문을 나서는 순간 쏟아지는 경찰차의 불빛에 당황한 그가 냅다 뛴다. 이를 도망가는 것으로 착각한 경찰이 발포하여 그가 쓰러진다. 울부짖는 짐에게 아버지는 "넌 남자로서 최선을 다했어. 네가 바라는 대로 강해지도록 노력할게"라고 말한다. 주디는 구두를 주워 죽은 존의 맨발에 신겨준다. [38]

1950년대 전후 미국의 젊은 세대들은 풍요로운 물질 속에서 보수화된 기성세대를 불신했고, 그 질서에 반발했다. 반면 기성세대는 10대들의 욕구와 불만을 이해하지 못한 채 나무라기만 하였다. 주디의 엄마는 반항적인 딸을 보고 '그럴 나이'라며 대수롭지 않게 생각했다. 아버지의 무기력과 보수성, 그리고 아버지의 부재는 문제를 더욱 악화시켰다. 짐은 외쳤다.

"난 절대로 아버지처럼 되기 싫어요."

기성세대와 기존 체제를 거부하고 반항한 그들은 빈집에서 신혼부부 놀이를 하며 유사 가족을 꿈꾸었다. 이유가 없는 것이 아니라 '이유 있는 반항'인 것이다. 제임스 딘은 실제 어머니를 일찍 여의고 고모 밑에서 혼자 자라면서 아버지와의 사이가 좋지

---

38 한국 영화 〈맨발의 청춘〉(1964, 감독: 김기덕)에서 외로이 죽은 두수(신성일 분) 시신이 '맨발'이자, 그를 따르던 아가리(트위스트 김 분)가 구두를 신겨주는 장면이 나온다. 〈맨발의 청춘〉이 〈이유 없는 반항〉을 오마쥬(hommage: 예술작품의 경우 어떤 작품이 다른 작품에 대한 존경의 표시로 일부러 모방을 하는 것을 가리킬 때 쓰는 말)한 것이다.

않았다고 한다.

프로이트의 분석에 의하면 '아들이 아버지와 어떤 관계를 맺는 가 하는 것이 그 후에 발생하는 수많은 인간관계의 기본 틀로서 작용'한다고 한다. 그리고 '아들은 아버지를 미워하는 동시에 사 랑받고 싶어 하고, 자신이 존중받는 소중한 존재가 되고 싶은 양 가감정이 동시에 발생'[39]한다고 한다.

일반적으로 아버지들은 말수가 적고, 자식에게 애정 표현을 잘 하지 않는다. 때로는 강압적으로 대할 때도 많다. 자식들의 억눌린 감정은 시간이 흘러도 해소되지 않고 마음에 차곡차곡 쌓인다고 한다. 아버지가 자녀들에게 먼저 다가가 그들의 애기 를 들어주고, 고민을 함께 나누며, 공조하는 삶이 되어야 할 것 이다. 자녀가 독립되고, 성숙된 자아를 가진 인간으로서 성장할 수 있도록 말이다.

39 최광현, 『가족 공부』, EBS북스, pp. 80-82

샤인

(Shine, 감독: 스콧 힉스, 1996, 오스트레일리아) ⑮

라흐마니노프[40]의 피아노 협주곡 3번 곡 연주를 성공적으로 마친 데이비드 헬프갓(David Helfgott, 1947~)은 정신을 잃고 무대에서 쓰러진다. 미치지 않고는 연주할 수 없다는 세평이 있는 곡이다. 그 후 그는 10여 년간 정신질환을 앓다가 마침내 재기에 성공한다. 이 영화는 그에 관한 실화를 바탕으로 한다.

데이비드(제프리 허쉬 분)는 호주의 가난한 유대인 가정에서 태어났다. 폴란드 태생인 그의 아버지는 아들을 뛰어난 음악가로 키우고자 독선적이고도 강압적으로 피아노 교육을 시킨다. 여린 성격의 데이비드는 아버지 앞에서 한없이 무기력하고 수동적인 존재이다. 데이비드의 아버지는 어릴 적 바이올리니스트를 꿈꾸었지만 부친의 반대로 이루지 못한 아픔이 있다. 데이비드에게 아버지는 항상 일등을 할 것과 자기 지시에 복종할 것을 강요한다.

---

40 러시아의 작곡가이자 피아니스트. 1873년 러시아에서 출생하여 1943년 미국 캘리포니아에서 사망했다. 후기 낭만파 음악가로, 현대 피아노 음악의 정립에 상당히 공헌한 인물이다(출처: 나무위키).

"이 세상에서 가장 강한 자만이 살아남을 수 있어."

"난 네 애비다. 너한테 모든 걸 바쳤다.

내가 시키는 대로 따라와."

각종 피아노 콩쿠르를 휩쓸며 신동으로 이름을 떨친 데이비드는 미국 유학 기회를 얻으나, 아버지는 가족을 떠나면 안 된다며 거부한다. 그 후 영국 왕립 음악학교로부터 장학금이 지급되는 유학을 제의받지만, 아버지는 이마저 반대한다. 반발한 그가 영국으로 떠나자, 아버지는 "가족을 버릴 거야? 집 떠나면 절대 돌아올 생각은 말거라" 하며 부자의 연을 끊는다고 선언한다. 그의 아버지는 가족은 항상 함께 살아야 한다는 생각을 갖고 있었던 것이다.

영국 왕립 음악학교에서 데이비드를 지도한 교수는 그의 천재성을 발견하고 맹훈련을 시킨다. 교수의 열정적인 지도로 그의 실력은 날로 발전하여 마침내 유수의 콩쿠르에 나간다. 그가 선정한 연주곡은 아버지가 아들이 연주할 수 있기를 그토록 바랐던 라흐마니노프 피아노 협주곡 3번이다. 교수는 그의 연주곡 선정에 우려를 표한다.

"불멸의 곡이야. 미치지 않고서야 연주할 수 없어."

"전 이미 충분히 미쳤어요."

육체와 정신의 기력을 한계점까지 끌어올리고, 이를 완전 소진시키며 연주를 마친 데이비드는 관중들의 열렬한 기립박수를 받는다. 4분여에 달하는 연주 장면은 이 영화의 압권이다. 피아노 소리를 죽인 채, 건반 위 현란한 손놀림과 심장박동 소리, 그리고 땀방울에 젖은 머리카락의 흔들림으로 묘사한 연주 장면은 실로 탄성을 자아내게 한다.

영화 〈샤인〉 스틸 컷

연주를 마친 후 쓰러진 그는 정신에 이상을 느껴 병원에 입원한다. 호주로 돌아온 그는 집으로 전화를 걸지만, 아버지는 받자마자 끊어버린다. 하지만 아들이 연주한 음악을 녹음해서 듣고, 아들이 수상한 메달을 만지며 눈물 흘리는 아버지다.

데이비드는 어린아이처럼 행동하며 쉬지 않고 말을 쏟아내는데, 그 내용은 일관성이 없어 이해하기 어렵다. 여동생도 알아보지 못한다. 의사는 그가 "복잡한 정신질환으로, 자신만의 세계에 갇혀 산다"라고 진단한다.

10여 년 동안 정신병원을 전전하던 그는 병원에서 팬인 한 여성을 만난다. 그 여인의 극진한 보살핌으로 상태가 다소 나아진 데이비드가 비 오는 날 우연히 들어간 카페에서 피아노 연주를 한다. 소문을 듣고 찾아온 손님들로 그 카페는 문전성시를 이룬다. 신문 기사를 보고 찾아온 아버지는 아들을 끌어안지만 어색하게 대화를 나누고는 떠난다. 훗날 그는 아버지 무덤을 찾아 "아무 생각도 나질 않아. 아마 내 잘못일 거야. 모르겠어" 하며 오열한다.

데이비드의 아버지는 자기 아버지의 반대로 음악가의 꿈을 이루지 못했던 것을 아들을 통해 보상받으려 했다. 일종의 '대물림'이다. 일방적이고도 강압적인 아버지의 아들에 대한 애정은 사랑이 아닌 집착으로 변질됐다. 아버지가 그토록 원했던 대로, 성공적으로 라흐마니노프 협주곡 3번 곡 연주를 마친 데이비드는 왜 그 순간 처절히 무너지고 말았는가?

'아버지의 도움을 받지 않고
스스로의 힘으로 가장 성공적인 연주를 한 순간
오히려 그는 아버지의 말을 거역한 데 대한
극심한 두려움과 공포심을 느꼈던 것입니다. …
더 이상 두려움을 견디지 못한 그는
결국 팽팽히 유지하려 했던

정신의 끈을 놓게 된 것입니다.'[41]

데이비드는 아버지의 기대에 부응했으나 그에 대한 공포와 증오를 끝내 떨칠 수 없었던 것이다. 억압된 감정은 세월이 흘러사라지는 것이 아니라 내면에 차곡차곡 축적되어 증오와 공포로 변질된다고 한다. 데이비드는 안타깝게도 음악을 즐기지 못했다. 오직 아버지만을 의식했고, 그의 기대에 부응하는 것이 목표였기 때문이다. 그는 유학 시절 "완벽해져서 아버지에게 돌아갈 거야"라고 말했다고 한다. 참으로 안타까운 일이다.

이런 비극적인 스토리는 우리 사회에서도 쉽게 볼 수 있다. '반드시 일등 해라! 최고의 대학교에 합격해라!'라는 부모의 강요에 학생들의 정신세계가 피폐해지고 사회적 문제까지 야기되는 경우도 있다. 이 영화는 자식에 대한 부모의 교육, 특히 아들에 대한 아버지의 사랑을 다시 한번 생각하게 한다.

연상의 점성술사인 여인 길리언의 사랑 덕분에 어려웠던 시간을 극복하고 다시 피아노를 연주하게 된 데이비드는 세계를 돌며 연주 활동을 하고 있으며, 우리나라도 방문하였다. 그는 '헬프갓' 대신에 '샤인'이라는 새로운 성을 사용한다. 새로운 삶을 시작하는 것을 의미하는 것이리라. 1997년 아카데미영화제에서 데이비드 역을 한 제프리 허쉬는 남우주연상을 받았다. 그 시상식에서 영화의 실제 주인공 데이비드가 축하 피아노 연주를 했

---

41 김준기, 『영화로 만나는 치유의 심리학』, 시그마북스, pp. 117~118

다고 한다.

— 따뜻한 눈길 한 번, 다정한 말 한마디 —

사도

(思悼, 감독: 이준익, 2014, 한국) ⑫

사도(유아인 분)가 뒤주에 갇힌 지 일곱째 날, 막 숨을 거둔 사도
와 아들의 주검을 찾은 영조(송강호 분)는 영원한 이별을 앞두고
서로의 속마음이 담긴 대화를 나눈다.

(사도)

"당신이 강요하는 방식은

숨이 막혀서 견딜 수 없었소.

공부가 그리 중한 것이오?

옷차림이 그리 중한 것이오?"

(영조)

"임금이 공부 모자라고 대님 하나만 삐딱해도

멸시하는 것이 신하다."

(사도)

"사람이 있고 공부와 예법이 있는 것이지.

나는 임금도 싫고 권력도 싫소.

내가 바란 것은 아버지의 따뜻한 눈길 한 번,

다정한 말 한마디였소."

(영조)

"어찌하여 너와 나는

이승과 저승의 갈림길에 와서야

이런 이야기를 나눌 수밖에 없단 말이냐.

나는 자식을 죽인 아비로 기록될 것이다.

너는 임금을 죽이려 한 역적이 아니라

미쳐서 아비를 죽이려 한 광인으로 기록될 것이다.

그래야 네 아들(정조)이 산다.

이것이 우리의 운명이다."

　사도가 임금인 영조에게, 아니 아버지에게 말한 "내가 바란 것은 아버지의 따뜻한 눈길 한 번, 다정한 말 한마디였소"라는 구절이 못내 가슴에 사무친다. 〈사도〉는 영조가 광중에 사로잡힌 세자를 폐위하고 뒤주에 가두어 죽인 사건인 임오화변(壬午禍變, 1762년 윤5월, 영조 38년)을 바탕으로 했다. 임오화변이 발생한 원인에 대해서는 노론 음모론과 영조와 사도세자 간의 성격 갈등설이 대립하고 있지만, 이 영화에서는 후자에 초점을 두어 전개된다.

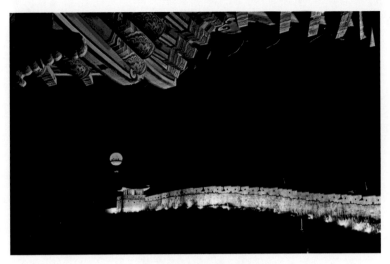

경기도 수원시 화성 야경

영조는 숙종과 무수리[42] 최씨 사이에서 태어났다. 생모가 천출인 탓에 콤플렉스가 심했으며, 형인 경종을 독살했다는 소문이 평생 그를 따라다녔다. 재위 기간 내내 왕위 계승 정통성 논란에 시달린 영조는 신하들에게 얕잡아 보이지 않기 위해 학문에 더욱 열중하고 스스로에 엄격했다.

그는 맏아들 효장 세자가 열 살 때 죽은 후, 마흔두 살에 사도 세자를 갖게 되어 크게 기뻐했다고 한다. 돌이 막 지난 사도를 세자에 책봉하고, 두 살 때부터 "자식이 잘해야 애비가 산다"라며 세자 교육을 엄격히 시켰다.

<hr />

42 조선 시대에 궁중에서 청소 따위의 잔심부름을 담당하던 계집종

"사가(私家)에서는 부모가 자식을 자애로 기르지만,

왕가(王家)에서는 자식을 원수처럼 기른다."

영조는 세자를 위해 직접 책을 만들고, 수시로 공부 진도를 체크하여 조금이라도 목표에 미달되면 불호령을 내렸다. "공부와 예법은 국시(國是)다"라고 강조한 그는 세자의 옷차림이 조금이라도 흐트러져 있으면 사정없이 질책했다. 사도가 비록 영특하긴 하나 자유분방한 성격에 공부보다는 무예와 그림 그리기, 그리고 소설 읽기를 좋아하니 영조와 부딪칠 수밖에 없었다. 사도는 아버지 앞에 서면 주눅이 들었다. 사도가 성장한 후, 영조는 대리청정[43]을 시키면서도 사사건건 트집을 잡아 신하들 앞에서 사정없이 면박을 주었다.

아버지의 기대 수준에 미치지 못하는 만큼 사도의 행실도 자꾸만 엇나갔다. 잦은 술타령에, 궁궐 후원에 무덤을 파고 상복을 입은 채 관에 드러눕는 기행도 저지른다. 아무 옷이나 함부로 입지 못하는 강박증인 '의대증(衣帶症)'을 앓아 옷시중을 드는 내관을 죽이기도 했다. 평소 세자의 보호막이 되어주던 대비마저 별세하자 그의 행실은 더욱 빗나갔다. 영조는 세손(세자의 아들, 훗날 정조)의 가례식에도 사도가 참석하지 못하게 할 정도로 미워했다.

당시 조정에는 노론과 소론의 당쟁이 치열했다. 그 싸움의 불

---

43 代理聽政: 왕이 병이 들거나 나이가 들어 정사를 제대로 돌볼 수 없게 되었을 때에 세자나 세제가 왕 대신 정사를 돌봄

똥이 튄 것일까? 사도의 비위를 고하고 그를 역모로 모는 상소문이 제기되었다. 억울하다며 배후를 밝혀줄 것을 비통하게 요구하는 사도에게 영조는 말한다.

"너는 존재 자체가 역모야."

상소문에 적힌 사도의 비위를 빌미로 영조가 사도에게 자결을 명하나, 말을 듣질 않자 뒤주에 가두고 직접 못질을 한다. 그러고는 세자를 평민으로 만드는 교지를 직접 작성하여 명한다.

'공부를 태만히 하고, 비구니들과 놀아나는 등
음란과 패악을 일삼고,
본성을 잃고 내관을 죽이기까지 하니 …
이에 세자를 폐하여 평민으로 삼아 가두노라.'

사도는 뒤주에 갇힌 일곱째 날에 숨을 거둔다. 그 후 영조는 사도의 세자 지위를 회복시키고, 생각할 '思', 슬퍼할 '悼', 즉 '사도세자(思悼世子)'라는 시호[44]를 부여하였다.

아버지와 아들의 관계에는 남자 대 남자로서 미묘한 권력관계가 발생할 수 있다고 한다. 그리고 아버지가 권력이나 사회적 위

---

44 왕이나 사대부들이 죽은 뒤에 그 공덕을 찬양하여 추중하는 호(號)(출처: 두산백과)

상이 높을수록 아들에 대한 압박이 심해진다고 한다. 그러한 아버지는 아들이 성공한 자기의 뒤를 잇거나, 오히려 뛰어넘기를 바라고, 이를 위해 자식을 강하게 압박할 가능성이 높기 때문일 것이다.

이는 왕가라고 해서 다를 바 없을 것이다. 더구나 영조는 감정 기복이 심한 성격에, 편집적 강박증에 시달리고 있었다고 한다. 영조에게 필요했던 것은 먼저 그 자신이 '콤플렉스'와 강박증으로부터 벗어나는 일이 아니었을까?

아들과 수시로 대화를 나누고 눈높이에 맞춰 공감할 수 있는 아버지가 될 때, 그 아들은 건강한 자아가 확립되어 자존감 높은 삶을 살아갈 수 있을 것이다.

경기도 화성시 융건릉

3-3.
가족이란 울타리

〈나의 계곡은 푸르렀다〉
〈흐르는 강물처럼〉
〈걸어도 걸어도〉

― 사랑하는 가족, 꿈에도 잊지 못할 고향 ―
나의 계곡은 푸르렀다
(How Green Was My Valley, 감독: 존 포드, 1941, 미국) ⑫

  나이 들어 불현듯 고향이 그리워질 때 무엇이 먼저 떠오를까? 산그리메 질 때까지 친구들과 누볐던 아름다운 산과 들, 사랑하는 부모님과 형제자매들, 그리고 다정했던 이웃들이 사무치게 다가올 것이다. 이제 노년에 접어든 휴 모건(로디 맥도월 분)은 고향을 떠나며 어릴 적 시절을 회상한다.

'고향을 떠나려 한다.
오래전 그때의 추억들과 추억 속의 사람들이
내 기억 속에 영원히 남아 있다. …

대지가 풍요롭고 초록이 무성했던
웨일즈 땅은 매우 아름다웠다.'

19세기 말 영국의 웨일즈 산골 마을, 탄광의 석탄 먼지가 날렸
지만 아름다운 마을 경치를 망칠 정도는 아니었다고 한다. 길리
엄 모건(도널드 크리스프 분)과 아들들은 광부로서의 자부심이 커
서 얼굴의 검은 탄(炭) 자국도 훈장으로 여긴다. 어머니와 누나
(모린 오하라 분)가 차린 따뜻한 저녁상 앞에서 경건하게 기도를
올리던 때를 그리며, 모건가의 막내인 휴는 부모를 회상한다.

**"아버지가 집안의 머리라면
어머니는 심장이셨다."**

휴의 맏형이 결혼하던 날, 마을 사람들은 맥주를 마시며 춤추
고 노래한다. 야생화 아름답게 핀 마을과 계곡에 노랫소리가 울
려 퍼진다. 그날 휴의 누나는 주례인 마을 목사에게서 눈을 떼지
못한다.

아름답고 평온한 마을 정경에 어두운 그림자가 드리운다. 탄광
에 임금 삭감 공고문이 나붙자 광부들이 술렁인 것이다. 탄광주
의 부당한 결정이라며 분노한 모건 가의 아들들이 노조를 만들
겠다며 나선다. 광부 대표인 아버지가 '공산당이나 할 짓'이라며
말리자 아들들은 반발하여 가출한다. 파업은 22주간 계속되었
고, 화난 노조원들은 파업을 반대하는 아버지의 집에 돌을 던진

다. 어머니는 마을 사람들의 배신을 성토하며 남편을 돕고자 발 벗고 나선다. 다행히 아버지와 목사가 나서서 중재에 노력한 결과, 파업은 중단되고 아들들도 귀가하여 다시 평온이 찾아온다.

그러나 탄광의 일자리 부족으로 감원이 시작되자 모건 집안의 두 아들은 아메리카로 떠난다. 얼마 후, 이웃 탄광마저 폐업하는 등 일자리가 더욱 부족해져 또 다른 두 아들도 캐나다와 뉴질랜드로 떠난다. 어머니는 외국으로 떠난 자식들이 모두 집에 함께 있는 것처럼 느낀다고 한다.

가정적으로도 어려움이 닥친다. 누나는 목사와의 사랑을 이루지 못하고 탄광주 아들에게 시집간다. 부잣집으로 시집가게 되어 다행이라는 어머니의 위안도 잠시뿐, 목사를 못 잊고 있다는 게 빌미가 되어 누나 부부는 별거에 들어간다. 마을 탄광에서 일하던 큰형이 사고로 죽는다.

막내인 어린 휴는 집안에서 처음으로 국립학교에 진학하지만 탄광촌 출신이란 이유로 선생과 급우들로부터 멸시를 받고 싸운다. 집안의 유일한 위안은 죽은 형의 아들이 태어난 것이다. "하나를 보내니 하나가 오네" 하는 아버지의 표정이 쓸쓸하다.

집에 남은 유일한 자식인 휴는 아버지로부터 "존경받는 일을 하라"라는 말을 듣지만, 진학을 포기하고 탄광 일에 뛰어든다. 그에게는 탄광 일이 존경할 만한 일이었으리라. 불행이 이어져 아버지가 일하던 탄광에 사고가 발생한다. 사고 현장에 뛰어든 휴의 품에 안긴 아버지는 "내 착한 아들"이란 말을 남기고 숨을 거둔다. 그는 아버지를 회상한다.

"아버지 같은 분은 결코 죽지 않는다.
아직도 내 기억 속에 생생히 살아 계신다.
영원히 사랑받으면서…
나의 계곡은 푸르렀다."

휴의 열 살 시절부터 시작되는 영화는 여러 에피소드들이 물 흐르듯 자연스럽게 연결된다. 아름다운 야생화 가득 핀 마을 정경을 배경으로 사랑하는 가족들과 이웃들에 대한 강한 연대감을 보여주며 회상 형식으로 전개된다.

특히 영화 전편에 흐르는 가족 사랑은 우리에게 잔잔한 감동으로 다가온다. 신앙심 깊고 자상한 아버지, 자식들을 보듬는 어머니, 형제들 간의 우애와 단합 그리고 타국으로의 이민, 잘못 시집간 누나와 홀로된 형수를 지켜보는 휴의 애틋한 마음. 그리고 노조 문제로 반목하지만 다시 화합하는 마을 사람들의 모습 등은 인간에 대한 깊은 신뢰를 느끼게 한다.

〈나의 계곡은 푸르렀다〉는 밀려오는 물질문명에 의해 대가족이 해체되고, 정겹던 마을 공동체도 점차 와해되어가는 사회상을 그리고 있다. 노동의 가치를 존중하면서, 산업재해와 실직 등 산업화 진전에 따른 어두운 면과 일자리 부족에 따른 신대륙으로의 이민도 보여준다. 그리고 아버지와 아들들의 세대 간 갈등, 노조를 바라보는 다른 시각, 자본가와 하층 계급 간의 갈등, 탄광촌 출신에 대한 도시 아이들의 멸시 등 시대상도 잘 묘사하고

있다. 이 영화는 제14회 아카데미영화제에서 작품상, 감독상 등
5개 부문을 수상했다.

— 영화가 삶을 정화하고 성찰하게 한다 —

흐르는 강물처럼

(A River Runs Through It, 감독: 로버트 레드포드, 1992, 미국) ⑫

영화 〈흐르는 강물처럼〉 포스터

한 편의 영화가 시(詩)라면, 아니 한 편의 시를 영화로 만든다
면. 이 영화가 그러하다. 한 편의 영상시와 같은 영화는 대자연

의 품에서 서로 보듬고 부대끼며 살아간 가족사를 담고 있다.

미국 몬태나주(미국 서부에 위치하며, 라틴어로 산악 지방을 뜻한다)에 소속된 미줄라 카운티가 영화 배경의 중심지다. 영화에 의하면 그곳의 숲과 강은 '경이로움과 감동이 느껴지는 곳'이라고 한다.

주인공 노먼 맥클레인(크레이그 셰퍼 분)은 "우리 가족에게는 종교와 낚시 사이의 명확한 구분이 없었다"라며 회고한다. 낚시가 종교적 경지로까지 승화된 것이다. 장로교 목사인 아버지는 "던지기는 예술이야"라며 두 아들에게 플라이 낚싯줄 던지기를 지도한다. 그는 그곳 대자연에서 영혼을 재충전하고 영감을 얻었다고 하며, 아들들에게 자연 속의 삶은 '신이 만든 자연의 섭리를 배우는 곳'이라고 가르친다.

노먼과 그의 동생 폴(브래드 피트 분)은 보트를 타고 강 폭포를 수직 낙하하는 모험을 감행하며 대자연의 품 안에서 성장한다. 그러나 노먼이 미국 북동부에 있는 대학에 합격하여 고향을 떠나게 되어 그들의 어린 시절은 끝난다. 하지만 폴은 '아직 잡아 보지 못한 고기를 포기하기 싫어서' 고향을 떠나지 않고, 그곳 대학을 졸업한 뒤 지역 신문사의 기자로 근무한다.

대학을 졸업한 노먼이 고향으로 돌아온다. 오랜만에 만난 부자는 낚싯대를 메고 강으로 나간다. 폴은 낚싯줄 던지기 방식에서 이미 아버지의 가르침을 넘어 자유로운 영혼에서 우러난, 대자연에 조화로운 자기만의 리듬을 터득했다. 그가 던진 낚싯줄은 바람 소리, 물소리와 어우러져 허공에서 아름다운 포물선을 그린다. 그리고 경쾌한 춤을 추는 듯하더니 은빛 강물에 안착한다. 노먼은 그동안 떨어져 지내던 고향에서 자연의 아름다움, 가족의 사랑, 친구들의 우정을 다시금 느끼며 즐겁게 지낸다. 마을 댄스 파티에서 노란 원피스를 입은 미모의 아가씨 제시 번즈를 만나 사랑에 빠진다.

신중하고 지적인 형과는 달리 어릴 적부터 자유분방하고 개성이 강했던 폴은 플라이 낚시에 일가견이 있어 '어부 기자'로 지역에 이름이 제법 알려져 있다. 그러나 그는 인디언 여자를 사귀고, 술과 도박에 빠져 있으며, 포커판에서 일어난 다툼으로 유치장 신세를 지기도 한다.

노먼에게 시카고대학으로부터 대학원 입학 시험에 합격했으며, 가을 학기부터 영문학 강의를 맡아달라는 편지가 도착한다. 노먼은 제시에게 청혼하여 승낙을 받는다. 폴은 여전히 도박장 출입을 한다. 노먼이 시카고로 떠나기 전 낚시를 하는 삼부자. 시카고에 함께 가자는 노먼 말에 "난 절대 몬태나를 떠나지 않아"라며 단호히 말하는 폴의 표정이 왠지 쓸쓸해 보인다. 이날 폴은 잠수까지 하는 사투 끝에 큰 송어를 낚는다. 아버지는 "넌 훌륭한 낚시꾼이야"라며 대견해한다.

흐르는 강물에 노을이 진다. 노먼과 제시가 시카고로 가기로 한 아침. 경찰로부터 폴이 권총에 맞아 숨졌다는 비보가 전해온다. 그의 허망한 죽음에 말을 잊은 가족들. 세월이 흘러, 영화는 죽기 직전 아버지의 마지막 설교로 끝을 맺는다. 교회에는 아기를 안은 제시의 모습이 보인다.

"우리는 누구나 일생에 한 번쯤은
사랑하는 사람이 불행에 처한 걸 보고
이렇게 기도합니다.
'기꺼이 돕겠습니다. 주님!'
그러나 정작 도움이 필요할 때 우리는
가장 가까운 사람조차 돕지 못하는 게 사실입니다.
가족 간에도 마찬가지일 수 있습니다.
하지만 우리는 여전히 사랑합니다.
완전히 이해할 순 없어도
완전히 사랑할 수는 있습니다."

완전히 이해하지는 못했으나 사랑했던 이들을 모두 떠나보낸, 아내 제시조차도 떠나보낸 노먼이 홀로 낚시를 하고 있다. 해 저물 무렵 깊은 숲 사이를 흐르는 강에서 낚시하는 노인은 노을에 반사되어 번쩍이는 황금빛 물결, 거무스레한 숲, 먼 곳의 아련한 산봉우리와 혼연일체가 되어 마침내 대자연과 합일(合一)을 이룬다. '선(禪)'의 경지에 이른 느낌을 준다. 이 글 앞부분의 '우리 가족에게는 종교와 낚시의 구분이 없었다'라는 표현은 이를 두고 한 말이 아닐까?

이 영화는 우리의 삶과 죽음을 '흐르는 강물처럼' 담담하게 얘기하고 있다. 그래서 우리에게 스스로의 삶을 관조하며 인생의 참맛을 음미할 수 있는 값진 기회를 준다. 이것이 이 영화의 진정한 힘이 아닐까? 영화가 진정 우리의 삶을 정화하고 성찰하게 한다는 생각이 든다.

영화의 원작은 미국 소설가 노먼 맥클레인(영화 속 주인공의 이름과 같다)의 자전소설이다. 그는 소설을 영화화하자는 할리우드의 제의를 계속 거부하다가 죽기 얼마 전에 미국 영화배우 겸 감독인 로버트 레드포드에게 영화로 제작할 것을 유언하였다고 한다.

1993년 아카데미 최우수 촬영상을 받은 이 영화의 포스터에는 '신의 숨결로 가득 찬 완벽한 영상미', '몬태나의 금빛 물결에 띄우는 깊고 영원한 삶의 영상 기도'라 적혀 있다. 한때 미국 여성들로부터 가장 섹시한 남자배우로 손꼽히던 브래드 피트의 풋풋한 모습이 인상 깊다. 그는 야성적인 이미지와 함께 여성들을 보호하는 부드럽고 순수한 이미지를 가지고 있다.

— 가족은 참 어렵다. 가족이라 더욱 어렵다! —

걸어도 걸어도

(**Still Walking**, 감독: 고레에다 히로카즈, 2009, 일본) 전체

모처럼 하룻밤을 함께 지낸 아들 료타(아베 히로시 분) 부부가 집을 떠나자, 아버지 쿄헤이(하라다 요시오 분)는 "다음 설에나 보

겠군" 하며 아쉬워한다. 하지만 료타 부부는 다른 얘기를 주고받는다.

> "설엔 안 와도 되겠어. 1년에 한 번 보면 됐지."
> "어머님 부담되실 텐데 다음엔 자지 말고 와요."

이들 부부는 오전에 부모 집에 올 때도 "급한 일이 있다며 오늘 밤 막차로 돌아올까? 만나도 할 얘기도 없는걸…" 하고는 집에 바로 가지 않고 동네 카페에 들렀다.

의사였던 노부(老父) 쿄헤이의 집이 15년 전에 죽은 큰아들 준페이의 기일을 맞아 분주하다. 작은아들 료타 가족과 딸 가족을 맞은 노모(老母) 토시코(키키 키린 분)는 음식 준비에 바쁘다. 죽은 아들의 아내는 재혼한 탓에 오지 않는다. 올해 72세에 녹내장을 앓고 있는 노부는 얼마 전 의사 일을 그만두었지만, 이웃들은 아직도 그를 원장님이라 부른다. 말수가 적고 자기표현에 서툰 그는 잘 어울리지 못하여 홀로 겉도는 투명인간처럼 보인다. 반면 아내 토시코는 집안일을 직접 아우르는 활달한 성격이다.

노부부는 10여 년 전에 해변에서 물에 빠진 소년을 구하려다 익사한 큰아들 준페이를 못 잊는다. 노부는 의사로서 자부심이 커서 두 아들 중 한 명은 의사가 되어 가업을 이어주기를 간절히 원했다. 그런 기대에 부응하지 못한 채 큰아들은 죽고, 둘째 아들인 료타는 유화복원사(油畵復原士)가 되었다. 노모는 가족사진을 찍을 때 큰아들의 영정 사진을 가슴에 품는다.

료타는 부모가 자신을 죽은 형과 비교하여 심한 열등감을 느끼고 있다. 게다가 아이 딸린 여자와 결혼해 부모의 눈치를 보고 있으며, 최근에는 경제적인 어려움을 겪고 있는 형편을 숨기고 있다. 아내가 데려온 아이는 아직 료타를 '아빠'라 부르지 않는다. 노모는 "아들이 운전하는 차를 타고 쇼핑 가고 싶다"라고 말한다. 그리고 새 며느리를 '중고(中古)'라 일컬으며, 전 남편이 죽은 지 3년 만에 자기 아들과 결혼한 사실을 못마땅해한다.

부모 집을 탐내는 딸은 엄마에게 힘든 노년에 함께 살면 어떻겠냐며 넌지시 떠본다. 하지만 노모는 "이제 와서 함께 산다는 것이… 네 아버지도 싫어할 것 같고, 애들도 소란을 피울 테고" 하며 확답을 하지 않는다. 노모는 화장실 타일을 수리해주겠다고 약속했던 사위가 그냥 가버리자 섭섭함을 감추지 못한다. 새 며느리는 시부모들이 애를 가질 것인가 하는 거듭된 질문에 신경이 곤두서고, 아들의 이름 뒤에 꼭 '군(君)'이라고 부르는 것이 집안 손자로 받아들이지 않는 것 같아 섭섭함이 가득하다.

죽은 큰아들이 목숨을 구해준, 비대한 몸집의 요시오가 오후 늦게 방문한다. 대학 졸업반이지만 제대로 된 취업을 하지 못한 그는 조그만 회사에서 아르바이트생으로 일하고 있다. 노모는 그에게 내년 기일에도 꼭 와줄 것을 당부한다. 요시오가 떠난 후, 료타가 "그만 부르자고요. 왠지 불쌍해서요. 그 애가 형을 죽인 것도 아니고…"라고 하자, 노모는 단호히 말한다.

"겨우 10년 정도로 잊으면 곤란해.

그 아이 때문에 우리 애가 죽었어.

증오할 상대가 없는 만큼 괴로움은 더한 거야.

너도 진짜 부모가 되어보면 알게 될 거야."

평소 온화한 성품으로만 알고 있던 어머니의 내면에 냉혹함이 도사리고 있음을 알게 된 료타는 크게 놀란다. 노부가 "저런 하찮은 놈 때문에 하필 우리 애가 죽었다니…"라며 노골적으로 불만을 드러내자, 료타는 "의사가 그렇게 대단해요?" 하면서 아버지를 힐난한다.

그러나 요시오와 딸 가족이 떠난 뒤, 집안 분위기가 사뭇 달라진다. 저녁 식사에서 노모는 새 며느리가 데리고 온 아이의 밥에 장어를 얹어준다. 며느리에게 아끼던 옷을 주며 보조개가 예쁘다고 칭찬한다. 노부도 아이에게 용돈을 주며 다정히 말을 건넨다. 료타가 용돈을 건네자 노모는 크게 기뻐한다. 노부부가 새 며느리와 그 아들을 서서히 가족으로 받아들이는 모습이다. 노부부가 식사하면서 티격태격하다가 노모가 과거에 노부의 바람피운 사연이 담긴 노래를 틀자, 그는 슬그머니 자리를 뜬다. 노모는 마음의 상처를 혼자 삭이며 긴 세월 내색 않고 살아왔던 것이다.

다음 날 노부와 료타 그리고 아이, 삼대는 해변으로 산책을 간다. 노모는 아이에게 바다에 들어가지 말라고 신신당부한다. 노부는 료타에게 기회가 되는 대로 아이와 함께 축구장에 가자는 제안을 한다. 아버지가 야구를 좋아하는 줄로만 알았던 아들은 의외라는 표정이지만 "기회 봐서 그래요" 한다. 헤어지는 버스 정류장에서 노모는 세상의 모든 엄마처럼 "치과에는 꼭 가고, 주말에는 꼭 쉬도록 해라"라는 당부를 잊지 않는다. 손자에게도 "또 놀러 오는 거야" 하며 할머니로서 따뜻이 인사를 한다.

3년 후 노부가 돌아가고 노모도 그 뒤를 쫓듯 세상을 떴다. 료타는 아버지와 함께 축구장에 가는 약속을 지키지 못했다. 그리고 자동차로 고향을 방문하였지만, "아들 차를 타고 쇼핑하고 싶다"라던 노모는 더 이상 세상에 없다. 부모 산소에서 노랑나비를 만난 료타가 어린 딸에게 말한다.

"겨울이 되어도 안 죽은 하얀 나비가
이듬해 노랑나비가 되어 나타난 거래."

잘 아는 것 같으면서도 잘 모르는 사이가 가족이 아닐까? 서로를 위한다면서도 가슴 아픈 상처를 주는 일이 허다하다. 서로에 대한 기대 수준이 높은 탓에 실망하는 일이 다반사이고, 지키지 못할 약속도 쉽게 하고는 쉽게 잊거나 어긴다. 자주 만나 잘 알고 있을 것 같지만, 쉽게 털어놓을 수 없는 비밀과 상처를 각자 품고 있다.

그러나 흔들리면서도 외면하지 못하고 보듬어 함께 가는 관계, 그것이 가족이 아닐까? 노모의 사연이 담긴 노래 가사 '걸어도 걸어도 작은 배처럼 나는 흔들리고 흔들려요. 당신의 품속에

서…'45처럼 말이다. 고레에다 감독은 부모님이 돌아가신 뒤에
후회와 안타까움으로 이 영화를 만들었다고 한다.

　가족은 참 어렵다. 아니, 가족이라서 더욱 어렵다!

45　일본 가수 이시다 아유미가 부른 엔카 '블루 라이트 요코하마'(1968년) 가사의 한 구절
이다.

제4부

꽃이 지기로서니

가을

회상과 회한

〈글루미 선데이〉
〈산딸기〉
〈시민 케인〉

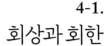

― 어떤 이에게는 회상, 다른 이에게는 회한 ―

글루미 선데이

(Gloomy Sunday, 감독: 롤프 슈벨, 1999, 독일, 헝가리) ⑱

한 세기를 마감하는 1999년 어느 가을날, 한 노신사가 헝가리 수도 부다페스트의 작지만 고급스런 '자보 레스토랑'을 방문한다. 그는 독일에서 큰 무역회사를 설립한 성공한 사업가다. 거의 60년 만에 찾은 레스토랑을 추억이 묻은 시선으로 둘러보던 그는 "옛날 그대로군" 하며 회상에 젖는다. 그가 주문한 '비프 롤' 요리에는 80세 생일을 축하하는 장식이 놓여 있다.

노신사는 "유명한 것 있잖소" 하며 옛날 즐겨 듣던 음악 연주를 청한다. 피아노와 바이올린의 연주가 어우러지면서 우울하지만 달콤하고, 사람의 마음을 저미는 듯 애잔한 선율이 레스토랑에 흐른다. 노신사는 감회에 젖어 음악에 귀 기울이다 비프 롤한 점을 음미한다. 피아노 위에 놓인 젊은 여인의 사진을 뚫어지게 쳐다보던 그는 갑자기 배를 움켜잡으며 바닥에 쓰러진다. 그때 식당 매니저가 외친다.

> "이 노래는 저주받았어요.
> 사랑을 위해 쓰인 곡이지만
> 그녀에겐 그랬어요. 60년 전에…."

헝가리 부다페스트 군델 식당

헝가리 부다페스트 전경

영화는 60년 전으로 돌아간다. 자보(조아킴 크롤 분)와 그의 연인인 일로나(에리카 마로잔 분)가 운영하는 자보 레스토랑에 안드라스(스테파노 디오니시 분)가 피아니스트로 취직한다. 그는 아름다운 일로나에게 첫눈에 반한다. 그녀의 생일날 자보는 고급스런 머리핀을 선물하지만, 가난한 안드라스는 자기가 작곡한 '글루미 선데이'를 선물로 연주한다. 깊은 눈매에 우수 짙은 분위기를 지닌 안드라스에게 그녀의 마음이 쏠리고 있는 것을 눈치챈 자보는 그녀를 완전히 포기할 수 없다며 말한다.

> "일로나를 완전히 잃느니
> 한 부분이라도 가지겠어."

일로나도 두 남자를 동시에 사랑하여, 세 사람 사이에 기묘한 관계가 시작된다.

그녀의 매력에 빠져 레스토랑을 수시로 찾아와 늘 비프 롤을 주문하는 젊은 남자가 있다. 그는 독일 출신 한스(벤 벡 분)다. 일로나의 생일날, 그녀와 생일이 같은 인연을 가진 그가 청혼을 하지만 거절당한다. 낙심한 그는 강에 뛰어들지만, 마침 지나가던 자보에 의해 구조된다. 그 후 한스는 독일로 돌아간다(앞선 장면에서 쓰러진 노신사가 바로 그인데, 60년 후 그 레스토랑을 다시 찾은 것이다).

그즈음 안드라스가 작곡한 '글루미 선데이'가 음반으로 발매되어 라디오 전파를 타고 세계적으로 알려지게 된다. 노래가 주는 우울한 분위기에 휩쓸려 많은 사람들이 자살하여 사회적 문제가 되고, 그 노래는 '자살의 송가'로 불려진다.

몇 년 후, 나치가 부다페스트를 점령한다. 사업으로 성공한 한스는 나치 대령이 되어 자보 레스토랑에 기세등등하게 나타난다. 그는 여전히 일로나를 향한 미련을 버리지 못하고 있다. 비프 롤 맛이 그립다며 레스토랑을 찾은 그가 안드라스에게 글루미 선데이를 연주할 것을 요구한다. 그의 강압적인 태도에 불쾌감을 느낀 안드라스가 거절하자 레스토랑에 심상찮은 분위기가 감돈다.

이를 느낀 일로나가 자기를 위해 연주해달라고 안드라스에게 부탁한다. 연주를 마친 후, 굴욕감에 안드라스는 한스의 총을 뺏어 자결한다. 안드라스가 죽은 후, 자보는 글루미 선데이의 메시지를 알 것 같다고 한다.

> "모든 이들이 자신만의 존엄을
> 가진다는 것을 뜻하는 것 같아.
> 상처를 받고 모욕을 당해도
> 한 줌의 존엄으로 우린 최대한 버틸 수 있어.
> 하지만 버틸 수 없는 상황이라면
> 차라리 세상을 떠나는 게 나아."

부다페스트에서 나치에 의한 유대인 체포가 극에 달하자, 나치 대령인 한스는 체포 명단에서 빼주겠다며 유대인들로부터 노골적으로 뇌물을 챙긴다. 그가 훗날 무역업으로 큰 부자가 된 것은 이때 착취한 금품이 기반이 되었을 것이다. 유대인인 자보도 나치에 체포되었다. 일로나는 한스에게 달려가 그를 구해줄 것을 부탁하지만, 한스는 그녀의 육체를 탐하고는 모른 체한다. 사랑하는 두 남자를 모두 잃은 그녀는 훗날 자보 식당의 주인이 되었다.

한스의 시신을 실은 장례차가 레스토랑을 떠나자, 주방에서 한 여자 노인이 독약 병으로 보이는 작은 병을 씻는다. 머리에 옛날 자보가 생일 선물로 주었던 핀을 꽂고 있는 그녀는 일로나다. 매니저인 남자가 "어머니 생신을 진심으로 축하해요" 하며 샴페인 잔을 부딪친다. 일로나와 한스의 생일은 같은 날이다.

젊은 시절에 스치듯 지나간 인연과 악연이 60년 뒤에 부딪쳐 파열된 것이다. 한스는 60년 전 일이 젊은 시절 한때의 풋사랑이었고 시대가 낳은 아픔이라며 회상(回想)에 젖을 수 있었겠으나, 일로나에게는 죽어도 잊지 못할 회한(悔恨)이었다. 과거에 일로나는 자보와 안드라스가 함께 있는 자리에서 "우리 중에 하나가 죽으면 우리 셋이 다 함께 죽는 거예요"라고 말한 적이 있다.

영화의 분위기를 한층 고조시키는 것은 음악 '글루미 선데이'다. 이 곡은 헝가리 태생의 레죄 세레스가 연인을 잃은 슬픔에 1930년대에 작곡해서 유럽 전역에 퍼졌다. 이 노래를 들은 많은 사람들이 자살을 하자, 헝가리는 물론 미국과 영국의 주요 방송국에서도 방송 금지했다고 한다.

노래 가사에는 '죽음'을 상징하는 표현이 나온다. 영화에서 안드라스는 자기 음악을 들은 사람들이 자살[46]하는 것이 자기 잘

---

46 영화에서는 이 노래를 듣고 8주간 헝가리에서만 157명이 자살하였다고 한다. 뉴욕 타임즈는 '수백 명을 자살하게 한 노래'라는 헤드라인으로 특집기사를 싣기도 했다고 한다. 1968년 겨울, 이 곡의 작곡가 역시 이 노래를 들으며 고층빌딩에서 몸을 던졌다고 한다.

못인 것 같다며 괴로워한다. 하지만 자보는 "작곡자 책임이 아니다. 자살하는 이들이 마지막 가는 길을 즐겁게 해주었을 뿐이다"라며 위로한다. 당시 연이은 세계대전과 대공황 등 전 세계를 휩쓸고 있는 우울한 시대상이 그러한 상황에 더욱 부채질했을 것이라는 분석이 많다.

'글루미 선데이'[47]

우울한 일요일 / 잠조차 들지 못하고 /
내 삶에 셀 수 없이 가득한 / 어둠만이 다정해라 /
···(중략)···
우울한 일요일 / 어둠만이 내게 함께하네 /
내 마음과 나는 이제 /
모든 것을 끝내리라 마음먹었네 /
···(중략)···
꿈이었으리 모두 꿈이었으리 /
꿈에서 깨어나면 그대는 잠들어 있으리 /
내 마음속 가장 깊은 곳에서

---

47 출처: 나무위키

산딸기

(Wild Strawberries, 감독: 잉마르 베리만, 1957, 스웨덴) ⑫

살아갈 날이 얼마 남지 않은 시점에서 지난 삶을 되돌아보면 무엇이 가슴에 사무칠까? 간절히 소망했으나 이루지 못한 것들, 알게 모르게 남에게 상처를 주고 상처를 받았던 일들, 다시 그날로 돌아갈 수 있다면 용서를 빌고 용서를 해줄 사연들로 가득한 회한에 젖게 될 것이다.

78세인 이삭(빅토르 시외스트룀 분)은 '학식'과 '명예', 그리고 '부'를 갖춘, 외면적으로 성공한 의사이다. 큰 저택에서 가정부의 도움을 받으며 살고 있는 그는 아내와는 오래전 사별했고, 아들 내외와도 냉랭한 관계이다.

50년 동안 의사로서 헌신한 공로를 인정받아 명예박사학위를 받기로 예정된 날 새벽, 그는 해괴한 꿈을 꾼다. 낯설고 텅 빈 거리를 산책하던 그는 시침과 분침 바늘이 없는 시계를 본다. 검은 말이 이끄는 장례 마차가 달려오다가 넘어지면서 관이 길바닥에 떨어지는데, 관 속의 시신이 자신의 모습이다. '죽음의 시간'이 다가오고 있음을 예고하는 것일까?

불길한 꿈에서 깨어난 그는 학위 수여식이 거행되는 도시까지 비행기로 가려던 계획을 바꿔 자동차를 이용하기로 한다. 마침

집에 와 있던 며느리가 동행하기로 한다. 차 안에서 며느리는 평소 쌓였던 불만을 토로한다.

> "아버님은 겉으로는 인정 많아 보이지만
> 철저한 이기주의자예요.
> 냉혹하고 남의 말을 들으려 하지 않고,
> 그런 걸 점잖은 태도와 매력 뒤에 감추시죠."

이동 중에 이삭은 스무 살 무렵까지 여름 별장으로 쓰던 집에 들른다. 뜰에는 잡초가 무성하고, 집 안은 텅 비어 있다. 추억에 젖은 그가 숲으로 시선을 돌리니 첫사랑 사라(비비 안데르손 분)가 젊고 예쁜 모습으로 산딸기를 따고 있는 것이 아닌가. 그녀를 사랑해 약혼까지 했으나, 결혼에 이르지 못한 아픔이 되새겨진다. 시선을 돌려 다시 집안을 보니 온 가족

영화 〈산딸기〉 포스터

이 모여 삼촌의 '영명축일'[48]을 축하하는 단란한 모습이 보인다. 이를 지켜보는 그는 공허함과 슬픔이 엄습해오는 것을 느낀다.

회상에서 깨어난 그에게 '사라'라며 자기를 소개하는 젊은 아

---

48 靈 名祝日: 가톨릭 신자가 자신의 세례명으로 택한 수호성인의 축일.

가씨와 남자 친구 두 명이 같은 방향으로 간다며 태워줄 것을 부탁한다. 그녀의 이름이 옛 연인과 같고 외모도 그대로 닮았다.[49] 뒷좌석에서 다정히 얘기를 나누다가 갑자기 심하게 다투는 젊은이들을 보면서 이삭은 삼각 애정관계로 갈등을 겪었던 자신의 젊은 시절을 떠올린다.

교통사고를 당한 부부와도 조우하는데, 끝없이 헐뜯으며 싸우는 그들을 보며 그는 자신의 결혼생활을 회상한다. 아내가 냉혹했던 자기 때문에 바람피운 적이 있었던 만큼, 그의 결혼생활은 행복하지 못했다. 아내가 상대 남자에게 이삭에 대해 말한 적이 있다.

"그인 얼음처럼 차요. 그이의 위선은 역겨워요."

이삭은 냉혹한 이기심과 무관심 때문에 사랑했던 두 여인, 첫사랑 사라와 아내로부터 버림받았던 것이다. 그가 병원을 첫 개업했던 마을의 주유소에 들르자, 주유소 주인은 "친절하기로 세계 최고의 의사였다"라며 그를 한껏 치켜세운다. 젊은 시절 한때 그도 가슴이 따뜻했던 사람이었던가 보다. 모처럼 흐뭇해진 그는 "그냥 여기 살걸…"이라고 하며 독백을 한다.

춥고 외롭다고 호소하는 노모를 방문한 후, 다시 길을 나선 이삭은 운전을 며느리에게 넘긴다. 다시 꿈에 나타난 옛 연인 사라

---

49 영화에서 두 사람은 같은 이로, 1인 2역을 한다.

가 거울로 그의 얼굴을 비쳐준다. 거울에 비친 늙고 초췌한 노인의 모습을 보여주며 그녀는 말한다.

> "당신은 단지 죽음을 앞둔 소심한 노인이죠.
> 당신은 속상해해요. 진실을 견딜 수 없어서요."

깜빡 잠든 꿈에서 그는 영문 모를 테스트를 받는다. 면접관은 현미경을 들여다보고 박테리아의 종류를 말해보라고 하지만, 그의 눈에는 아무것도 보이지 않는다. "의사의 첫 번째 의무 사항이 뭐냐"라며 묻는데 역시 답을 하지 못한다. 그가 사망한 것으로 진단한 자가 그를 보며 크게 웃는다. 이를 지켜본 면접관은 '자격 없음'이라는 판결을 내린다.

> "당신은 고발당했소.
> 무정함, 이기주의, 냉혹함으로.
> 당신은 '고독과 외로움'이라는
> 벌을 받게 될 것이오."

벌을 받게 될 것이라는 말에 이삭은 "관대한 처분은 없소?"라며 긴장한다. 명예박사학위를 받을 만큼 성공적인 삶을 산 듯했지만, 결코 아니라는 것을 이제 깨달은 듯하다. 연미복에 빛나는 장식들을 가슴에 주렁주렁 달고 명예박사학위 수여식장에 입장하는 그의 표정은 굳어 있다.

새벽에 불길한 꿈을 꾸고, 여행길 꿈에서 옛 연인 사라를 수차
례 만나고, 면접관의 냉혹한 판결 때문에 새로운 깨달음을 얻은
것일까? 그날 저녁 비로소 그는 아들 부부와 마음을 열고 따뜻한
대화를 나눈다. 냉랭하게만 대했던 가정부에게도 앞으로 편하게
대하라고 한다.

그날 밤, 꿈에 다시 나타난 사라는 "이삭, 이젠 산딸기는 없어
요"라며 그를 부모에게 인도하고는 사라진다. 호숫가에 앉은 그
의 부모는 책을 읽고 낚시를 하며 이삭에게 어서 오라는 듯 손을
흔든다. 이삭도 미소를 머금고 부모를 향해 손을 흔든다.

영화는 삶의 마무리 단계에 접어든 노인의 잠재의식, 현실과
꿈, 과거와 현재를 넘나든 하루 동안의 여정을 통해 살아오면서
겪은 상처, 후회, 기쁨, 용서를 보여준다. 이삭은 그 여정을 통해
자신의 삶에 대한 반성과 성찰을 하게 되었고, 자기를 미워하던
아들 부부는 물론 가정부와도 화해할 수 있는 실마리를 찾게 되
었다.

영화를 감상하는 사람들도 그의 삶을 지켜보며 깊은 연민과
공감을 느낄 수 있으리라. 이삭은 과연 '고독과 외로움'이라는 벌
에서 벗어나 여생을 따뜻하게 보낼 수 있을 것인가?

영화 제목인 '산딸기'는 관용적으로 '개인적으로 추억거리가 있
는 장소이지만 사람들에게 알려지지 않은 장소'를 뜻한다고 한
다. 이삭이 자신만의 추억이 서린 장소에서 산딸기를 따고 있는
60년 전 모습의 사라를 만난 것은 인생에서 가장 행복했던 시절

을 상징하는 것으로 볼 수 있다. 그리고 그는 이를 통해 자신의 삶을 진지하게 되돌아볼 귀중한 기회를 가질 수 있었다. 이 영화는 1958년 베를린국제영화제에서 황금곰상을 받았다.

─ 당신의 '로즈 버드'는 무엇인가? ─
시민 케인
(Citizen Kane, 감독: 오손 웰즈, 1941, 미국) ⑮

모든 것을 거머쥐었으나 마지막엔 모든 것을 잃은 남자, 찰스 포스터 케인(오손 웰즈 분). 그는 거대하고 음산한 분위기의 제나두성에서 은둔 생활을 하던 중, 70세 나이로 '로즈 버드(Rose Bud)'라는 수수께끼 같은 말을 남긴 채 외로이 임종한다. 엄청난 부와 명예, 그리고 혹독한 좌절을 겪었던 그가 죽으면서 남긴 말, '로즈 버드'는 과연 무엇인가? 그는 어떤 사람이었던가?

케인은 미국 플로리다주에 제나두[50]라 불리는, 세계에서 가장 큰 개인 저택을 가졌고 37개에 달하는 신문사와 라디오 방송국을 거느린 언론계의 황제였다. 그가 죽자, 방송사는 그의 일대기

---

50 제나두(Xanadu)는 원나라의 황제 쿠빌라이 칸이 몽골 고원 남부에 지은 여름 수도인 상도(上都)를 영미권에서 불렀던 이름이다. 유럽인들이 그리던 동양적 낙원 또는 이상향으로 지칭되어 쓰인다(출처: 나무위키).

를 제작하기 위해 기자 톰슨에게 그는 어떤 사람이었는지, 마지막에 남긴 단어의 의미는 무엇인지를 취재할 것을 지시한다.

기자 톰슨은 생전에 케인과 친분이 많았던 사람들을 찾아 나선다. 먼저 케인의 후견인이었던 대처가 남긴, 그의 어린 시절에 대한 기록을 열람한다. 케인은 눈이 많이 내리는 콜로라도주의 산골에 사는, 눈썰매 타기를 즐기던 소년이었다. 1871년, 그의 부모 집에서 하숙하던 자가 쓸모없다며 주고 간 금광에서 노다지가 쏟아졌다. 큰 부자가 된 어머니는 그를 시카고로 유학 보낸다. 고향을 떠나기 싫었던 소년 케인은 떠나던 날 눈썰매를 품에 꼭 껴안았다.

25세가 되던 해, 계약에 의해 후견인으로부터 막대한 재산을 물려받은 그는 뉴욕의 '인콰이어러' 신문사를 인수했다. 케인은 자기 신문에 '모든 뉴스를 정직하게 전달하겠으며, 시민과 인간으로서의 권리를 최대한 지켜나가겠다'라는 선언문을 발표했다. 사업 초기에 함께 일했던 동료는 기자에게 말한다.

"케인이 원했던 건 돈이 아니었다.
그는 사업 초기에 순수했어."
"'로즈 버드'는 여자 이름이 아닐까?"

케인은 공격적인 경영에 '빠르고 간결하며 흥미로운 기사'를 내세워 언론 재벌 반열에 올랐다. 사업에 크게 성공한 그는 미국 대통령의 조카와 결혼하고 정치에도 관심을 가졌다. 신문 비평가이자 그의 오랜 친구는 그가 정치에 뛰어들면서 점점 기만적이고 이기적으로 변했다고 한다.

> "그가 원했던 것은 사랑이었지만,
> 사랑을 받기만 했지 주는 것은 몰랐다."
> "당신이 찾는 '로즈 버드'는 아마
> 그가 잃어버린 어떤 것일지도 몰라."

케인은 주지사 선거에 출마했으나, 가수 지망생이었던 수잔과의 스캔들이 터지면서 낙선하여 정치적 야망이 좌절되었다. 아내와 이혼한 그는 수잔을 오페라 가수로 키우고자 오페라 하우스를 지어주기도 했다. 케인의 욕심과는 달리 가수로서 자질이 부족한 그녀는 공연에서 실패하였다.

그즈음 케인은 돈과 권력에의 욕망에 휩싸여 언론인으로서의 사명감을 이미 버린 지 오래다. 뜻을 같이하던 신문사 동료들도 하나둘 그의 곁을 떠났다. 게다가 자동차 사고로 아들을 잃고, 중요한 신문사도 하나둘 문을 닫는 아픔을 겪었다.

톰슨은 케인의 두 번째 아내였던 수잔을 만난다. 그녀는 오페라 가수로서 실패한 후에도 남편은 "당신은 계속 노래해. 내 만족을 위해서라도"라며 강요했다고 한다. 끝 모를 케인의 집착을 견디지 못한 그녀는 자살을 기도하기도 했다. 케인의 무시무시한 집착과 제나두에서의 고립된 삶에 염증을 느낀 수잔은 그를 떠나면서 말했다고 한다.

"당신은 자신밖에 사랑할 수 없는 남자예요."

"당신은 평생 내게 해준 게 없어요.

내게 해준 건 당신이 필요해서지요."

톰슨은 마지막으로 케인을 11년 동안이나 모신 집사를 만난다. 그는 수잔이 떠난 후 케인이 집 안의 가재도구를 집어던지고 부수는 등 가끔 미친 짓을 하기도 했다고 한다. 로즈 버드에 대해 아느냐고 묻자, 집사는 "그게 얼마나 값진 건가요?"라며 반문을 한다.

톰슨은 케인과 긴밀한 관계를 맺었던 다섯 명을 만났지만 '로즈 버드'의 정체를 끝내 알아내지 못하고, '케인이 잃어버린 무엇이거나 혹은 퍼즐의 사라진 한 조각 같은 것이리라' 추측할 뿐이다.

톰슨이 제나두를 떠난 뒤, 그곳에서는 유품 정리가 한창이다. 한 인부가 잡동사니들 사이에 섞여 있던 눈썰매를 벽난로에 던지는데, 거기에는 '로즈 버드(Rose Bud)'라는 글자와 함께 장미 꽃봉오리 그림이 희미하게나마 남아 있다. 로즈 버드는 케인이 유년기에 고향에서 즐겨 탔던 눈썰매의 상표였던 것이다. 이는 어릴 적의 순수함과 살면서 그가 찾고자 했던 진정한 행복을 상징하는 것이었다. 즉, 돈과 권력의 욕망에 물들어 세상을 휘저었던 남자가 인생의 끝자락에서 끝내 잊지 못한, 순수한 가치의 표상인 것이다.

영화 〈시민 케인〉의 스틸 컷

영화의 앞부분을 보면, 고향을 떠나기 싫었던 소년 케인이 눈썰매를 꼭 껴안는 모습을 볼 수 있다.

눈썰매에 쓰인 '로즈 버드' 글자와 꽃봉오리 그림이 화염에 의해 서서히 오그라들며 연기가 되어 굴뚝을 타고 올라가 제나두의 하늘로 흩어진다. 그가 가장 그리워했으나 되돌릴 수 없는, 어릴 적 순수한 꿈과 소망이 한 줌의 재가 되어 하늘로 사라진다.

영화에는 '그림 퍼즐(puzzle) 맞추기'가 여러 번 나온다. 기자는 케인을 잘 아는 다섯 명의 증언, 즉 다섯 개의 퍼즐을 모아 그가 어떤 사람이었는지, 로즈 버드가 무엇인지를 맞춰보고자 했으나 실패했다. 그들은 자기가 기억하고 있는 단면만으로 케인을 짐작하고 있었으며, 가장 중요한 한 조각은 어느 누구도 알지 못했던 것이다. 이는 우리가 세상을 떠난 후, 다른 이들에게 어떤 사람으로 기억될 것인가를 생각하게 한다.

이 영화는 전 세계 영화 전문가들에 의해 세계 영화사에 길이 남을 최대의 걸작으로 꼽히고, 미국 영화 연구소(AFI)가 선정한 위대한 미국 영화 목록에서도 1위로 손꼽히는 작품이다. 오손 웰즈는 불과 25세 나이에 이 영화를 연출·제작하고 직접 주연으로 연기하였다. 그의 데뷔작인 이 작품은 당시 미국 언론 재벌이던 윌리엄 랜돌프 허스트[51]를 모델로 삼은 것으로 알려졌다. 허스트는 영화 상영을 제지하기 위해 끈질긴 방해 공작을 폈고, 그 여파로 흥행에는 참패했다고 한다.

---

[51] 미국 17개 도시에서 일간지를 매수·창간하고, 통신사·출판사·3개 방송국 등을 자기 지배 아래 둔 미국의 신문경영자(출처: 네이버 지식백과). 그가 이 영화의 상영을 집요하게 방해 공작하여 그해 아카데미영화제 작품상이 존 포드 감독의 〈나의 계곡은 푸르렀다〉에 가는 데 영향을 줬다는 얘기도 있다.

왕년엔 내가…

〈아마데우스〉
〈헤밍웨이 인 하바나〉+〈톨스토이의 마지막 인생〉
〈선셋대로〉

— 1인자에서 밀려난 자의 분노와 저주 —

아마데우스

(Amadeus, 감독: 밀로스 포만, 1984, 미국) 전체

"신이여, 왜 천박한 모차르트에게는
저토록 완벽한 재능을 주시고,
저한테는 그 재능을 알아볼 능력밖에
안 주셨습니까?"
— 영화 중 살리에리의 대사 —

사람들은 유사한 직업을 가졌거나 같은 직장에서 경쟁 관계에 있는 동료들 중 천재적 재능을 가진 이에게 열패감을 느끼게 된다. 특히 그 분야에서 1인자로 자부하고 타인으로부터도 인정받

던 자가 새로운 능력자의 출현으로 2인자로 밀려났다고 느끼는 순간, 고통과 분노, 시기와 질투를 더욱 크게 느끼게 될 것이다. 이를 '살리에리 증후군(Salieri Syndrome)'[52]이라 부르는데, 영화 〈아마데우스〉가 흥행한 후 널리 사용되었다고 한다.

1823년 비엔나, 심한 눈보라가 치는 밤. 백발의 노인이 "모차르트, 용서해주게. 내가 자네를 죽였네"라며 절규하다가 자살을 기도한다. 정신병원에 수용된 노인은 신부에게 자신의 죄를 고해한다. 그는 신성 로마제국 황제의 궁정음악장인 안토니오 살리에리(F. 머레이 에이브러햄 분)로 오페라만 40여 곡 작곡한, 당시 유럽에서는 최고의 작곡가이다.

어느 날 모차르트(톰 헐스 분)의 피아노 연주를 들은 살리에리는 그의 천재성에 감탄한다. 그는 신부에게 당시의 솔직한 감정을 고백한다.

"마치 신의 음성을 듣는 기분이었소.
신이 그를 내세워 노래하듯이…."
"모차르트의 연주를 들은 밤,
그날부터 내 인생은 바뀌기 시작했소."

---

52 천재성을 가진 주변의 뛰어난 인물로 인해 질투와 시기, 열등감을 느끼는 증상을 말한다. '2인자의 심리'를 표현할 때 많이 쓰인다(출처: 지식백과).

이탈리아 태생인 살리에리는 비엔나로 유학 와서 각고의 노력 끝에 궁정악장의 자리에 오른 '노력형 천재'다. 신실한 가톨릭 신자였던 그는 당시 음악의 정해진 형식을 준수하고 그 주제도 하느님 찬양에 중점을 두었다.

모차르트는 신들린 연주력에 시대의 감성을 뛰어넘는 작곡 실력까지 갖춘 '타고난 천재' 음악가였다. 4살 때 협주곡, 7살 때 교향곡, 그리고 12살 때 오페라를 작곡한 그의 음악적 재능은 황제에게까지 알려졌다. 황제의 요청으로 작곡한 오페라 '후궁으로의 도피'를 당시 대세인 이탈리아어가 아닌 독일어로 선보이고, 황제의 방침에 반하여 오페라 '피가로의 결혼'에 발레를 삽입하는 등 파격적인 작품까지 발표하였다. 그는 세속적인 속박을 벗어난 자유로운 영혼을 가졌던 것이다. 고상한 주제를 선택하라는 음악계 고위층의 견제와 힐난에 그는 반기를 들었다.

> **"이미 시들어버린 과거의 전설,**
> **왜 우리는 신이나 전설에 매여 있어야 하죠?"**

음악에 있어서는 천재적인 재능을 지닌 모차르트이지만 괴팍한 성격에, 일상에서의 경박한 말투와 행동거지로 타인으로부터 숱한 눈총을 받았다. 수입에 비해 고급 옷, 술과 파티 등으로 씀씀이가 커서 그의 형편은 늘 곤궁했다. 살리에리는 그를 '오만하고, 음탕하며, 유치하기 짝이 없는 녀석'으로 폄하했다.

살리에리가 좋아하던 오페라 여가수가 모차르트에게 마음을 뺏긴 일이 발생했다. 평생을 수도승처럼 성실하게 살아왔다고 자부하던 그는 "그때부터 신을 원망하고 모차르트를 저주하기 시작했다"라고 밝혔다.

살리에리는 모차르트를 파멸시키기로 결심한다. 그의 작품에 대해 사사건건 시비를 걸고, 거짓 험담을 퍼뜨리며, 자기 돈으로 하녀를 그의 집에 취업시켜 정보를 캐내기도 한다. 그 무렵 검은색 모자와 망토에 검은 마스크 가면으로 분장을 한 자가 모차르트를 찾아와, 두둑이 사례하겠다며 죽은 사람을 위한 미사곡 (requiem) 작곡을 의뢰한다. 살리에리는 그 곡은 모차르트의 장례식에 쓸 계획이었다고 신부에게 고백한다.

당시 모차르트는 음악의 정신적 지주였던 아버지의 죽음으로 받은 충격과 무절제한 생활로 인해 앓던 병이 깊어진 상태였다. 작곡이 원활치 못한 상황에서 아내마저 집을 나갔다. 검은 망토의 괴사나이는 수시로 방문하여 곡을 빨리 완성시켜주면 추가적인 대가를 지불하겠다며 독촉한다.

결국 모차르트는 극심한 스트레스와 병마를 이기지 못하여 35세 나이로 절명한다. 비 오는 날 거행된 그의 장례식은 너무나 초라했다. 겨우 대여섯 명의 조문객이 참석한 가운데, 시내 공동묘지에 비석도 없이 다른 시신과 함께 매장되었다.

오스트리아 빈 중앙묘지의 모짜르트 가묘(중앙) - 왼쪽이 베토벤 묘, 오른쪽이 슈베르트 묘

천신만고의 노력 끝에 1인자 지위에 오른 자가 경멸해 마지않던 자에 의해 밀려났다고 느낀 나머지 분노와 저주의 화신이 되어 파멸로 가는 과정이 처절하다. 영화는 얼핏 보면 모차르트의 천재성과 그의 비극적인 최후를 그리는 것으로 볼 수 있으나, 실상은 아무리 노력해도 타고난 천재에 미치지 못하는 2인자의 고뇌와 좌절을 그리고 있다. 그래서 영화의 주인공은 살리에리다. 1985년 아카데미영화제에서 남우주연상도 그 역을 한 F. 머레이 에이브러햄에게 돌아갔다.

남보다 뛰어나고자 하는 인간의 욕망은 어디까지이고, 어느 선에서 절제되어야 하는가? '백마(白馬) 타고 온 초인(超人)'에게 기꺼이 자리를 내주는 지혜와 겸손이 필요하다. 누가 더 뛰어난

지는 후세의 평가에 맡기고서 말이다. 모차르트가 남긴 교향곡, 실내악, 협주곡, 오페라 등 영화 전편에 흐르는 주옥같은 선율은 화려한 영상미와 더불어 큰 감흥을 준다.

영화 〈아마데우스〉는 모차르트의 사망 당시부터 널리 퍼졌던 소문을 토대로 쓰인 피터 셰퍼[53]의 동명의 희곡을 바탕으로 제작되었다. 그러나 살리에리의 실제 삶은 영화와는 달랐다고 한다. 그는 당시 전 유럽에 이름이 알려진 작곡가에 궁정악장 지위에까지 오르는 등 명성이 아주 높았다고 한다. 그가 모차르트를 싫어했던 것은 사실이지만, 그건 모차르트가 자기관리에 실패한 사람이었기 때문이라고 한다. 아카데미영화제에서 11개 부문에 노미네이트되어 8개 부문(최우수 작품상, 감독상, 남우주연상, 의상상 등)을 휩쓸었다.

---

53 피터 셰퍼(1926~2016): 희곡 〈에쿠우스〉, 〈아마데우스〉 등을 쓴 영국의 극작가

톨스토이의 마지막 인생

(The Last Station, 감독: 마이클 호프만, 2009, 독일) ⑮

헤밍웨이 인 하바나

(Papa: Hemingway In Cuba, 감독: 밥 아리, 2016, 미국) ⑮

"내가 아는 모든 것은 오직 사랑에서 비롯되었다."

— 레프 톨스토이, 소설 『전쟁과 평화』에서 —

레프 니콜라예비치 톨스토이(1828
~1910)는 『부활』, 『전쟁과 평화』 등
명저를 남긴, 19세기 러시아 문학
을 대표하는 세계적인 작가다. 인류
에게 청빈, 자비, 순결, 비폭력, 금욕
에 대한 메시지를 남긴 위대한 사상
가이기도 하다. 이 영화는 그의 개
인 비서였던 발렌틴 볼가코프(제임스
맥어보이 분)의 시선을 통해 톨스토이

러시아 소설가 레프 니콜라예비치
톨스토이 초상

생애의 마지막 해(1910년)를 조명하고 있다.

러시아 명문 귀족 집안 출신인 톨스토이(크리스토퍼 플러머 분)는
인생의 말년에 이르러 사유재산을 거부하는 신념을 갖고 이상적

인 공동체 마을을 건설한다. 그는 자기 신념을 실천하고자 작품 저작권과 재산을 사회에 환원하기로 결심하고, 수제자 블라디미르와 딸 사샤에게 유언장을 새로 작성할 것을 요구한다. 그러자 그의 아내 소피아(헬렌 미렌 분)가 격렬히 반발한다. 인류를 위한다는 톨스토이의 고상한 신념은 아내에게는 가족을 생각하지 않는 무책임한 허영일 뿐이다.

톨스토이 부부간의 갈등이 극심하여, 세상은 톨스토이의 아내를 악처로 보는 시각이 강하다.[54] 그러나 그녀는 소설 『전쟁과 평화』를 6차례나 교정, 필사하며 남편의 창작을 도왔고 젊은 시절 남편의 방탕한 삶을 견뎌내며 유모도 없이 13명의 자식을 키워 집안을 이끌어왔다고 한다. 영화는 가족을 끝까지 지키려 했고, 재산 문제로 대립하면서도 끝까지 남편을 사랑했던 그녀의 면모를 보여준다.

자기 신념과 아내의 반대 사이에서 극심한 갈등을 겪던 톨스토이는 작품을 대중의 품으로 돌린다는 내용의 새로운 유언장에 마침내 서명한다. 그러고는 '마지막 생애를 평화롭고 조용하게 맞고 싶다'라며, 아내에게 용서를 구하는 편지를 남기고 몰래 집을 나선다. 여행 중 건강이 악화된 그는 러시아 남부의 조그만 기차역 아스타포보역(오늘날 톨스토이역)의 역장실에 몸을 누인다.

---

54 '검은 머리 파뿌리 될 때까지 싸웠던, 세상에서 가장 불행한 부부'(석영중, 노어노문학 교수)

병세가 악화된 그는 아내를 찾고, 달려온 그녀와 마지막 포옹을 한 후, 폐렴으로 생을 마감한다. 그의 아내도 "언제나 당신을 사랑했어요"라며 작별 인사를 한다. 블라디미르와 딸 사샤가 그의 임종 때 유언을 철회[55]할까 두려워 부부의 마지막 상봉마저 막으려 하자, 이를 지켜본 발레틴은 "당신들은 우상을 만들고 싶은 거군요. 이는 선생님 뜻이 아니에요"라며 외친다. 톨스토이가 생을 마감한 역은 폐역이 되었지만, 기차역사의 시계는 지금도 그의 사망 시각인 6시 5분으로 맞춰져 있다고 한다.

이 영화는 한 위인의 명성에 걸맞지 않은 힘겨운 마지막 삶의 모습을 보여준다. 그렇다고 그의 삶을 폄훼하는 것은 아니다. 오히려 이상과 현실, 신념과 가족 사이에서 방황하는, 우유부단한 한 인간의 모습을 있는 그대로 보여준다. 이 영화는 전기 작가 제이 파리나가 이탈리아 나폴리 고서점에서 발견한 발렌틴의 일기장과 편지 등을 바탕으로 쓴 소설 『마지막 정거장(The Last Station)』을 원작으로 했다.

〈헤밍웨이 인 하바나〉는 1957년 어느 날, 미국 '마이애미 글로브'의 기자 에디 마이어스(지오바니 리비시 분)가 자신의 우상인 작가 어니스트 헤밍웨이(에드리언 스파크스 분)에게 한 통의 편지를 보내는 것으로부터 시작한다. 얼마 후, 헤밍웨이로부터 '함께 낚시를 하자'라는 전화를 받은 에디는 쿠바의 수도 하바나로

---

55 '1914년 러시아 상원은 그의 아내 소피아에게 저작권을 반환했다.'(영화 속 자막)

미국 소설가
어니스트 헤밍웨이 흉상

향한다. 그는 "헤밍웨이는 내 멘토이자 내 아버지(Papa)다"라고
말할 정도로 가까이 지낸다. 영화는 쿠바의 헤밍웨이 집을 수년
간 방문하여 그들 부부와 교류를 해온 에디의 시선을 통해 혼란
스러운 세월을 살아간 그의 인간적인 면모를 세심하게 묘사하
고 있다.

　당시 쿠바의 정세는 극도로 혼란스러웠다. 피델 카스트로와
체 게바라가 이끄는 혁명군이 하바나로 진군하여 저항하는 바티
스타 독재정권과 교전을 벌였다. 그 와중에 헤밍웨이는 미국 정
보기관 FBI와 쿠바 독재정권이 자기를 감시하고 있다며 힘들어
했다. 실제로 미국 정부는 세무조사를 벌여 그에게 큰 금액의 세
금을 추징했으며, 지속적으로 신변을 감시했다고 한다. 또한 그
는 쿠바 반란 세력의 무기를 숨겨주고, 그의 동지들이 군부에 의
해 살해되기도 해 쿠바 정부와도 심각한 갈등 관계에 있었다.

헤밍웨이는 가정적 문제로도 힘들어했다. 첫 번째 부인을 못 잊던 그는 함께 사는 네 번째 부인과 자주 다투고, 술에 취해 물건을 집어던지며 고함을 지르기도 했다. 가끔은 권총을 만지작거리다가 총구를 입에 넣기도 하여 주위 사람들을 힘들게 했다. 그의 부인은 "그의 우울증이 더 깊어지는 것 같아"라며 에디에게 근심을 털어놓기도 했다.

소설 『노인과 바다』로 퓰리처상(1953)과 노벨문학상(1954)을 받은 이후, 그는 더 이상 글을 쓰지 못하겠다면서 에디에게 하소연했다.

> "절대 유명해지지 말게.
> 작품은 유명해져도 괜찮지만
> 유명인이 되는 것은 별로거든.
> 노벨상은 더 최악이지.
> 더는 쓸 수가 없어. 어떻게 해야 하지?"

그 후에도 헤밍웨이는 술을 끊지 못하고, 수시로 총을 만지작거리며 "더는 살고 싶은 생각이 없어. 글도 못 쓰고, 섹스도 못해. 내 뜻대로 끝낼 거야"라며 괴로워했다. 결국 그는 1961년 여름, 비행기 사고로 인한 후유증과 오랜 우울증을 극복하지 못하고 미국 아이다호주의 집에서 61세 나이에 총으로 생을 마감하고 만다.[56] 유서도 남기지 않았다고 한다. 무엇이 그를 그토록 힘들게 했던가? 그의 오랜 동지 에반이 에디에게 말한다.

> "저 둘(헤밍웨이 부부)은 이렇게 멋진 집에,
> 돈도 많고, 멋진 외모에, 명예도 있는데,
> 둘 다 놓치고 있는 게 있지.
> 자신의 자아를 잠시 내려놓고
> 사랑하는 사람과 일상을 함께하며
> 서로에게 충실하려는 의지와 욕구.
> 저 둘에게 없는 게 그거야."

헤밍웨이가 그토록 힘든 삶을 살았던 이유를 그가 남긴 글에서도 일부나마 엿볼 수 있다.

> '유명 인사들은 세상에 가면을 쓰고
> 실제 모습은 감추려 한다.
> 남들이 바라는 모습을 연기하고 …
> 그들이 대중에게 하는 행동이
> 내면을 비춘다고 생각하는 건 어리석다.'

---

56 그를 포함해 그의 가족 중 5명(아버지, 형, 누나, 손녀, 본인)이 자살로 생을 마감했다고 한다.

쿠바 코히마르 - 헤밍웨이 소설 『노인과 바다』의 무대

— '왕년에 내가…', 꿈 깨세요! —

선셋대로

(Sunset Boulevard, 감독: 빌리 와일드, 1950, 미국) ⑮

궁전 계단 장면 촬영이라는 집사의 보고에 노마 데스몬드(글로리아 스완슨 분)는 "맞아. 공주가 내려오기를 기다리는 장면이지" 하고는 계단을 서서히, 그러나 우아하게 내려가며 생애 최고의 연기에 몰입한다. 그녀는 감격스러운 어조로 말한다.

"너무 행복해요. 감독님 감사합니다.

이렇게 다시 영화를 찍게 되어서 정말 행복해요.

여러분이 정말 보고 싶었어요.

다신 떠나지 않을게요."

"감독님, 이제 클로즈업(Close Up) 찍어요!"

몰려든 카메라와 쏟아지는 플래시 불빛 속에서 노마는 황홀한 듯 고개를 한껏 치켜든 채 계단 아래를 내려다보는 포즈를 취한다. 기괴하면서도 섬뜩한 기분을 느끼게 하는 이 장면은 세계 영화사에서 빼놓을 수 없는 명장면으로 꼽힌다. 그러나 그녀의 얼굴이 카메라에 가득 채워지려는 찰나 화면은 신기루처럼 사라져버린다. 유명한 여배우가 영화의 클라이막스 장면을 찍는 것 같은 분위기지만 실상은 그렇지 않다.

영화 〈선셋대로〉의 스틸 컷

1920년대 무성영화 시절, 할리우드에서 최전성기를 구가하던 여배우 노마는 유성영화 시대가 개막하면서 새로운 시스템에 적응하지 못하여 잊힌 존재가 되었다. 그녀는 재기가 아닌 '복귀'의 기회를 엿보면서 LA에 있는 선셋대로변 우중충한 대저택에서 살고 있다.

어느 날 그 집에 무명의 시나리오 작가 조 길리스(윌리엄 홀덴 분)가 길을 잃고 들어온다. 그녀는 조가 시나리오 작가라는 것을 알고는 자기가 쓰고 있던 영화 각본을 내밀며 완성해줄 것을 요구한다. 그녀는 이를 "은막을 떠난 걸 아직도 용서하지 않는 수백만 팬들에게로의 '복귀'를 위한 것"이라고 강조한다. 두둑하게 사례하겠다며 자기 집에 머물면서 작업해줄 것을 요구한다. 집세마저 밀려 곤궁한 처지인 그는 기꺼이 응하면서 그녀의 형편없는 영화 각본을 멋지다고 치켜세워준다.

그 집에는 노마를 그림자처럼 따르는 집사 맥스가 있다. 그는 노마가 꿈과 환상에서 깨지 않도록 노심초사하는데 조에게도 조심할 것을 신신당부한다. 노마의 첫 남편이었던 그는 16세의 그녀를 발굴하여 스타로 키운 장본인으로, 그녀의 파멸을 그대로 두고 볼 수 없다며 지금껏 곁을 지켜왔다. 아직도 집으로 오는 팬레터도 그가 써 보낸 것들이다. 그녀는 화려하지만 기괴스럽게 꾸며진, 잘나가던 시절의 자기 사진들로 도배된 거실에서 자기가 출연했던 영화를 보며 지낸다. 조는 그녀의 요구에 순순히 따른다.

> "난 따랐다. 몽유병 환자는 깨우면 안 된다.
> 화려한 과거에서 깨어나지 못한 채
> 절벽을 걷고 있으니까."

노마는 조에게 수시로 값진 옷과 고급 시계를 선물한다. 그녀는 둘만이 가진 송년 파티에서 자기만을 사랑해줄 것을 노골적으로 요구한다. 젊고 잘생긴 조와 사랑을 나눔으로써 자신이 아직 매력 있는 여배우라는 사실을 확인하고 싶은 것이리라. 거부감을 느낀 조는 밤에 몰래 집을 빠져나와 친구들의 송년 파티에 참석하고, 영화 시나리오 작가 지망생인 젊은 여자 베티를 만난다. 이를 눈치챈 노마가 자살 소동을 벌인다. 맥스로부터 전화를 받은 그는 달려가 포옹하며 그녀를 안심시킨다. 아직 그녀가 필요하다고 생각한 것일까? 그녀의 '기둥서방'이 된 셈이다.

드디어 각본이 완성되자, 노마는 이를 예전에 함께 작품을 했던 저명한 영화감독 세실 B. 드밀[57]에게 보낸다. 감독의 전화를 기다리다 지친 그녀는 파라마운트 영화사를 찾아간다. 그녀는 "우리 최고의 걸작을 만들어요"라며 제안하지만, 각본을 보지도 않은 감독은 제작비 핑계를 대면서 확답을 피한다. 영화사로부터 곧 연락이 올 것으로 기대한 그녀는 다이어트와 미용 마사지 등 얼굴과 몸매 가꾸기에 열중한다.

각본을 마무리한 조는 밤마다 몰래 집을 나가 베티와 함께 새로운 시나리오 작업을 진행하면서 애정을 키워간다. 이를 눈치챈 노마는 두 사람 사이를 적극 방해한다. 그녀의 집착과 광기에 질려 이제 떠나야 할 시점이라는 것을 깨달은 조가 짐을 싸자,

---

57 영화 〈십계〉, 〈지상 최대의 쇼〉 등을 연출한 유명 감독으로, 실제 본인이 이 영화에서 영화감독으로 출연했다. 그는 글로리아 스완슨과도 실제 영화를 함께 만든 적이 있다.

그녀는 권총을 꺼내 들고 떠나지 말라며 위협한다. 조가 "꿈에서 깨어나세요. 관객들은 벌써 20년 전에 당신을 떠났어요" 하며 불편한 진실을 깨우치려 들자, 그녀는 떠나는 그를 향해 총을 발사하며 외친다.

> "난 최고의 스타야. 아무도 스타를 안 떠나.
> 그래서 스타인걸."

총에 맞은 조가 정원 수영장에 엎어져 숨진다. 잊힌 스타의 살인극, 빅뉴스다. 경찰과 기자들, 그리고 그녀가 그렇게 기다리던 파라마운트 영화사의 뉴스 카메라까지 몰려온다. 경찰의 심문에 아무런 대꾸도 않던 그녀는 집사 맥스가 "카메라가 도착했습니다"라고 보고하자, "드밀 감독님께 내려간다고 해요. 실례하겠어요. 촬영 준비를 해야 돼요"라며 심문하는 경찰에게 양해를 구한다. 그러고는 전술한 계단 연기 퍼레이드를 편 것이다.

인기 정상에서 멀어진 여배우의 집착과 광기가 코믹하면서도 슬프다. 시대의 변화에 적응하지 못한 사람의 말로가 씁쓸하면서 애잔하다. 버림받는 것보다 잊히는 것이 더 무섭다 하던가. 인기 정상에 올랐다가 무대 뒤로 밀려났거나, 높은 지위에 있다가 아무도 찾지 않는 뒷방 노인 신세가 되었다고 느껴질 때의 좌절감이란….

영화 마지막 부분에 노마의 얼굴이 클로즈업되는 순간, 그녀의 얼굴이 화면에서 순식간에 사라진다. 왕년의 영광은 손을 대면 바스러지는 신기루에 불과한 것이다. 현실을 외면하고 과거에 집착하는 것은 문제 해결에 도움이 되지 않고 더 큰 고통과 절망을 가져온다. '왕년에 내가…'는 울림 없는 공허한 외침이자, 허망한 결말이 따를 뿐이다.

영화에서 노마 역을 맡은 글로리아 스완슨은 영화 역사상 가장 뛰어난 연기 중 하나를 선보였다는 평가를 받았다. 그녀는 실제 무성영화 시대 때 유명 배우였으나, 유성영화 시대로 접어들면서 잊힌 배우가 되었다. 이 영화는 제23회 아카데미 시상식에서 최우수 각본상 등 3개 부문에서 수상하고, 골든 글로브에서도 최우수 작품상과 여우주연상 등을 수상했다.

4-3.
욕망과 갈망의 정점에서

〈데어 윌 비 블러드〉
〈은교〉
〈베니스에서의 죽음〉

— 영혼과 신마저 팔아 그들이 얻고자 한 것은? —
데어 윌 비 블러드

(There Will Be Blood, 감독: 폴 토마스 앤더슨, 2007, 미국) ⑮

　1898년 '골드 러시(Gold Rush)'가 한창이던 시절, 미국 서부의
어느 황무지 갱도에서 다니엘 플레인뷰(다니엘 데이 루이스 분)는
일확천금을 꿈꾸며 곡괭이질에 몰두한다. 그러다가 그는 새롭
게 부는 '오일 러시(Oil Rush)'에 편승하여 석유개발업자로 변신한
다. 사고로 죽은 동료의 아들을 양아들로 맞은 그는 투자자를 만
날 때 항상 아들을 데리고 다니며 자신은 가족을 중시하는 사람
이라는 것을 강조한다.

　어느 날 폴이라는 자가 찾아와 유전에 관한 정보를 주겠다며

돈을 요구한다. 현지를 방문한 다니
엘은 사업성이 충분하다는 것을 확
인하고 흥정에 들어가자, 폴의 쌍둥
이 동생이며 '제3계시교'의 목사인 일
라이(폴 다노 분)는 비싼 값을 부른다.
다니엘은 흥정 끝에 유전이 발견되
면 보너스로 오천 달러를 더 주겠다
는 약속을 하고 싼값에 땅을 매입한
다. 그 땅에서 유정탑 기공식이 거행
되고 많은 양의 석유가 분출된다.

영화 〈데어 윌 비 블러드〉
포스터

한편, 일라이는 석유 채굴 근로자들에게 전도하여 신도 수를
늘린다. 기도를 통해 악마를 퇴치하고 병을 고칠 수 있다는 이단
종교적 요소를 지닌 그의 설교 현장은 광기로 넘친다. 이를 지켜
본 다니엘은 "할렐루야 쇼 잘 봤네" 하며 차갑게 비웃는다. 시추
작업 중 천연가스가 폭발하여 다니엘의 양아들 H. W. 플레인뷰
가 청력을 잃는다.

다니엘의 사업이 번창하자, 일라이는 보너스로 주기로 한 오
천 달러를 달라며 계속 조른다. 다니엘은 돈만 밝히는 위선자 같
은 놈이라고 욕하며, 선지자라면 자기 아들 귀부터 고쳐보라며
그를 구타한다. 수모를 당한 일라이는 다니엘에게 땅을 헐값에
판 아버지를 원망한다.

어느 날 다니엘에게 이복동생이라며 헨리가 찾아온다. 핏줄에
대한 집착이 강한 그는 진짜 가족이 생겼다며 기뻐하면서, 친자

식이 아닌 H. W.를 멀리 떨어진 농아학교에 매정하게 보내버린다. 그러나 다니엘은 헨리가 어릴 적 고향에 대한 추억을 제대로 알지 못하자 의심한다. 진짜 헨리는 죽었고, 그의 일기장을 읽은 가짜 헨리가 연기를 한 것이었다. 다니엘은 핏줄이라 믿었기에 배신감이 컸던 탓에 그를 죽이고, 동생이 남긴 일기장을 읽으며 눈물을 흘린다. 아들, 가족, 이웃 등을 모두 잃은 그는 돈에 더욱 매달린다.

다니엘이 송유관을 묻을 유전 주변 땅을 사고자 하자, 땅의 소유주가 일라이 목사에게 세례를 받으면 땅의 이용권을 주겠다고 한다. 사업 확장이 우선인 다니엘은 그 요구를 받아들인다. 세례 의식에서 일라이는 과거에 당했던 수모를 갚기라도 하듯, 악마를 내쫓는다는 명분으로 다니엘을 마구 폭행한다. 광기에 사로잡힌 모습의 그는 다니엘에게 "나는 아들을 버렸습니다"를 크게 외치게 한다. 다니엘은 꾹 참고 그의 요구에 따랐다. 엄청난 수모를 겪은 다니엘은 "(그래도) 송유관을 얻었어" 하며 만족해한다. 예전에 약속했던 오천 달러도 교회에 기부한다.

사업이 더욱 번창해진 그는 양아들 H. W.를 다시 데려온다. 한 번 버림받은 상처가 있는 아들은 돌아오던 날 양아버지의 뺨을 후려친다. 세월이 흐른 후, 성장한 H. W.는 일라이의 여동생과 결혼하고, 자기도 석유 사업을 하겠다며 멕시코로 떠날 계획을 아버지에게 통보한다. 화가 난 다니엘은 아들에게 이제부터 부자 관계는 끝이라고 말하며, 친자식이 아니라는 사실도 밝힌다. 그가 사업상 천진난만한 얼굴이 필요했었을 뿐이라고 하자,

H. W.는 "친아버지가 아니라니 오히려 감사한 일이네요" 하고 는 미련 없다는 듯이 떠난다. 양아들마저 떠나버려 다시 혼자가 된 다니엘은 홀로 대저택에서 항상 술에 의지하면서 정신이 피폐해졌다.

선교활동을 위해 다른 지역으로 간다고 거짓말했던 일라이가 투자에 실패하고 그를 찾아온다. 일라이는 돈이 필요하다며 석유가 나옴 직한 신도의 땅을 함께 개발하자고 다니엘에게 제안한다. 다니엘은 세례 의식 때 당했던 수모를 앙갚음하는 듯, 투자 조건으로 일라이에게 "나는 거짓 예언자이고 하느님은 미신이다"를 외치라고 강요한다. 신을 팔아서라도 돈을 얻고자 한 일라이는 그의 요구에 따랐다.

그러자 다니엘은 일라이가 개발을 제안한 땅은 기존 유전에 연결된 곁가지로, 이미 석유가 모두 채굴되었다는 사실을 밝힌다. 충격을 받은 일라이는 하느님을 원망한다. 이를 본 다니엘은 분노에 사로잡혀 "내가 세 번째 예언자다"라며 무자비한 폭력으로 일라이를 죽인다. 다투는 소리에 달려온 집사에게 다니엘은 "이제 모든 것이 끝났네"라고 한다. 그는 일라이가 위선적이고, 자신을 이용해서 돈을 모으려 했으며, 자기에게 여러 차례 모욕을 주었기에 죽였다고 한다.

수단과 방법을 가리지 않고 부를 추구했던 다니엘은 자식과 가족, 영혼을 팔면서 금전을 좇았다. 일라이 또한 청교도인들로 이루어진 당시 미국 이민 사회에서 신을 팔면서까지 돈을 추구했다. 다니엘의 파멸은 당시 미국 자본주의의 타락에 대한 반성으로, 종교를 내세워 예언자 행세를 한 일라이의 죽음 역시 정신적으로 파멸한 미국에 대한 반성으로 볼 수 있다.

영화는 두 사람의 파멸을 따로 전개하는 것이 아니라, 두 인물을 끊임없이 대립시켜 갈등을 증폭시킴으로써 복수에 복수를 거듭하게 한다. 그러고는 마침내 최고조의 충돌을 일으켜 죽고 죽이는 파국에 이르게 한다.

이 영화는 제80회 미국 아카데미 시상식에서 남우주연상과 촬영상, 제58회 베를린국제영화제에서 은곰상(감독상)을 받는 등 세계 유수의 영화제에서 수상했다. 영화평론가들은 2000년대 미국 최고의 영화 중 하나로 꼽는다. 아카데미영화제에서 역대 최고의 기록인, 남우주연상을 세 번 수상한 다니엘 데이 루이스의 광기 어린 연기는 역시 광기에 찬 목사 역을 연기한 폴 다노와의 연기와 조화를 이루면서 영화를 더욱 빛나게 한다.

— 다시 오지 않을 젊음이여, 영원히 잘 가라! —

은교

(감독: 정지우, 2012, 한국) ⑱

'너희 젊음이 너희 노력으로 얻은 상이 아니듯이
내 늙음도 내 잘못으로 받은 벌이 아니다.'

싱그러운 초목이 어우러진 어느 봄날, '국민 시인'이라 불리는 노시인 이적요(박해일 분)의 붉은 벽돌집 안락의자에 작은 새 한 마리가 깃들었다. 투명하리만치 새하얀 얼굴과 목덜미가 눈부신, 열일곱 살 여고생 한은교(김고은 분)다. 시인은 그녀와의 첫 대면에서 눈을 떼지 못한다. 은교는 막 피어난 봄꽃처럼 풋풋하고 싱그러운 모습에 설익은 관능미도 살짝 풍긴다.

마침 그의 집에 도우미가 필요하여, 은교가 일주일에 한 번씩 청소를 돕기로 한다. 창을 닦는 그녀의 짧은 티셔츠 아래로 가녀린 허리가, 짧은 반바지 밑으로 쭉 뻗은 각선미가 곱다. 시인은 숨을 죽이고 그녀의 자태를 몰래 훔쳐본다.

시인은 은교로부터 '헐!'의 의미를 알게 되고, 은교는 시인으로부터 '뾰족한 연필은 슬프다'는 시 구절에 담긴 의미를 배운다. 은교는 자기 목덜미에 그려져 있는 헤나[58] 문신에 호기심을 보인 그에게 그려주겠다고 제안한다. 엉겁결에 은교의 다리를 베고 누운 시인은 눈을 감은 채 상상의 세계에 빠진다. 고등학생으로 돌아간 그는 은교와 산과 들을 뛰어다니다가 벌거벗은 그녀를 끌어안는 상상을 한다.

은교를 향한 시인의 시선이 예사롭지 않다는 것을 느낀, 충실한 제자 서지우(김무열 분)는 "선생님은 고귀하신 분이야. 네가 선생님을 위험에 빠뜨리고 있잖아" 하며 그녀를 꾸짖는다. 지우의

---

58 식물에서 추출한 염료로 피부에 그림을 그려 넣은 것으로, 타투와는 달리 일정 기간 지나면 지워진다.

질책에는 대시인의 명성을 해치지나 않을까 하는 염려와 함께 자기보다 스승과 더 잘 소통하는 은교에 대한 미묘한 질투의 감정이 섞여 있다.

시인은 은교를 따라 젊은이들이 많이 모이는 카페에 가기도 한다. 자기를 기리는 기념 사업을 논하는 제자와 후배들의 모임에 가서 "기념 문학관은 나 죽고 나서 짓게나. 한참 걸릴 걸세" 하며 웃는다. 회춘하는 기분일까.

시인은 아들처럼, 때로는 집사처럼 자신을 따르는 문학 지망생 지우에게 자기가 쓴 소설 한 편을 준 적 있다. 지우는 그 소설을 자기 이름으로 발표하여 문단에 이름을 올리게 되었고, 그 작품은 베스트셀러가 되었다. 그런 만큼 지우는 자신이 도저히 도달할 수 없는 스승의 문학적 재능을 존경하는 한편 질투했다.

그즈음 문학계에는 지우가 새로 발표한 단편소설 「은교」가 단연 화제다. 이를 읽은 시인은 그 자리에 주저앉고 만다. 자기가 쓴, 은교를 소재로 한 미발표 작품을 지우가 몰래 훔쳐 출간한 것이다. '나의 영원한 처녀 은교…'로 시작하는 이 작품은 현실 세계에서는 도저히 품을 수 없는 은교를 소재로 한, 젊음을 향한 안타까운 마음을 담고 있다. 작품을 도적질했다며 꾸짖는 그에게 지우는 오히려 당당하게 말한다.

"아름다워서 그랬습니다.
반닫이에 묻어두기가 아까워서. …
사람들은 칠십 노인하고 여고생하고,

그걸 사랑이라고 하지 않아요.
선생님은 노인이라고요."

지우가 소설 「은교」로 문학상을 받는 날, 예상을 깨고 참석한 노시인은 담담히 축사를 읽는다.

"나 이적요는 늙었습니다. …
너희 젊음이 너희 노력으로 얻은 상이 아니듯이
내 늙음도 내 잘못으로 받은 벌이 아닙니다. …
소설 「은교」는 메마른 대지에 내린
단비 같은 소설이었습니다."

눈 내리는 날, 은교가 생일 케이크를 들고 시인의 집을 방문한다. 시인은 마침 인사하러 온, 한동안 서먹하게 지내던 지우를 합석시키고 술잔을 건넨다. 취기가 느껴져 자러 가던 시인은 방 앞까지 따라온 은교를 살포시 안아준다.

다음 날 새벽, 선잠을 깬 그가 바깥 공기를 쐬러 밖으로 나온다. 그때 서재에서 시시덕거리는 소리가 들려 창을 통해 몰래 들여다본 그는 그 자리에 얼어붙는다. 지우와 은교가 알몸으로 엉켜 있는 것이 아닌가. 소설 원고에 이어 은교마저 제자에게 도둑맞은 느낌이 든 것일까. 그는 마당으로 나와 자동차에 뭔가 작업을 한다.

다음 날 아침, 문학 행사장에 가려 서둘러 차를 몰던 지우는 핸들에 이상이 있다는 것을 느낀다. 차량 정비공으로부터 "누군가가 조금 전 차의 나사에 손을 댄 것 같다"라는 말을 듣고 분노에 휩싸인 지우는 차를 몰아 시인의 집으로 향한다. 흥분한 상태에서 급하게 다른 차를 추월하다가 언덕 아래로 굴러떨어져 지우는 죽는다. 경찰은 운전 부주의에 의한 사고로 처리한다.

얼마 후, 은교가 노시인의 집을 방문한다. 빈 술병과 먹다 남은 안주가 거실 바닥에 어지러이 널려 있고, 그는 구석방에서 등을 돌린 상태로 자는 듯 누워 있다. 은교가 그의 곁에 나란히 누워 말한다. "소설, 할아버지가 쓰신 거잖아요. 고마워요. 예쁘게 써주셔서." 누운 채 미동도 않던 그는 떠나는 은교에게 눈물을 흘리며 나직이 혼잣말을 한다. "잘 가라, 은교야."

시인 이적요의 아픔은 어디로부터 비롯된 것일까. 제자의 불충함에서? 또는 제자를 죽음으로 몬 죄책감에서? 아니면 은교에게 더 이상 다가갈 수 없는 안타까움에서 비롯된 것일지도 모른다. 그는 자기 이름으로 세상에 내놓을 수 없었던 은교에 대한 순수한 감정을 대신 알린 지우에게 일면 고마운 생각이 들었을 수도 있다. 가슴으로만 품고 있던 '은교'라는 아름다운 보석을 쉽게 가질 수 있는 젊음에 대한 질투심과는 별도로 말이다.

대시인 적요와 제자 지우, 두 사람은 자신이 갖지 못한 것에 대한 열망과 질투에 얽혀 끝내 파국을 맞았다. 국민 시인이란 대단한 명성을 지닌 그이지만 떠나는 젊음 앞에 말한 것은 "은교야! 잘 가라" 한마디다. 하지만 그 말은 다르게도 들린다.

'다시 오지 않을 젊음이여, 영원히 잘 가라!'

이 영화를 보면 '롤리타 신드롬(Lolita Syndrome)'[59]이 떠오른다. 물론 이 작품은 본격적으로 이를 다루지는 않고 있다. 하지만 인생의 황혼기에 들어선 즈음, 이제는 더 이상 가질 수 없는, 아니 가지는 것이 용납되지 않는 젊음과 아름다움을 향한 금단의 열망은 그와 비슷하지 않겠는가? 이 영화의 원작은 소설가 박범신의 같은 제목 소설 『은교』(2010)이다.

─ '절대미(絶對美)'를 발견한 노 예술가의 죽음 ─
베니스에서의 죽음
(Death In Venice, 감독: 루키노 비스콘티, 이탈리아, 1971) ⑮

독일 작곡가 구스타프(더크 보가드 분)는 심장에 문제가 있어 휴양차 이탈리아 베니스의 리도 섬에 온다. 그는 자신의 음악을 이해하지 못하는 친구와 주변 사람들에게 지쳐 있다.

---

59 러시아 출신의 미국 작가인 블라디미르 나보코프의 소설인 『롤리타(Lolita)』에서 유래된 용어이다. 이는 '미성숙한 소녀에 대해 정서적 동경이나 성적 집착을 가지는 현상'을 일컫는다. 이 소설을 영화화한 작품으로 〈롤리타〉(Lolita, 감독: 스탠리 큐브릭, 1962)와 〈롤리타〉(Lolita, 감독: 에드리안 라인, 1997년)이 있다.

그곳 고급 호텔에서 그는 금발에 우아하면서도 차가운 느낌이 감도는 완벽한 미모, '절대미(絶對美)'를 지닌 타지오(비요른 안드레센[60] 분)라는 폴란드 소년을 우연히 만난다. 14세가량의 그 소년의 모습에서 그는 평생 갈구해 마지않던 정신적인 미와 관능적인 미의 완전한 결합체를 발견한다. 영화의 원작인 소설『베니스에서의 죽음』(1912)에서 작가 토마스 만(1877~1955)은 소년의 아름다움을 이렇게 묘사했다.

영화 〈베니스에서의 죽음〉
주인공 타지오
(배우 비요른 안드레센)

'그의 얼굴은 창백했고,
우아하게 조용하였으며
꿀 빛깔의 머리카락이
윤곽을 지우고 있었다.

똑바르고 매끈한 콧대와
사랑스러운 입,
보드랍고 신성한 인상을 주는
진지한 표정
- 그것은 가장 고귀하였던 시대의
그리스 조각을
연상시키는 것이었다.'[61]

---

60 스웨덴 태생인 비요른 안드레센은 '세상에서 가장 아름다운 소년'으로 불려, 유명한 일본 순정만화『베르사유의 장미』에 등장하는 '오스칼'의 모델이 되기도 했다.
61 출처: 토마스 만,『토마스 만 단편집』, 박찬기 옮김, 서문당, 1997

소년의 아름다움에 매료된 그는 레스토랑, 시내 골목길, 리도 해변, 산마르코 성당 광장 등 소년이 가는 곳이라면 어디든 따라다닌다. 스토커(stalker)가 따로 없다. 소년도 이를 의식하는 듯 눈이 마주칠 때 간혹 옅은 미소를 짓지만, 그는 소년에게 감히 가까이 다가가지 못한다.

예전에 친구가 아름다움은 그냥 태어나는 것이라고 했을 때, 그는 "미와 순수의 창조는 정신적 행위로서, 아름다움은 예술가의 노력으로 태어나는 것이다"라고 반박한 적이 있다. 그러나 '저절로 완벽하고 아름답게 태어난' 미소년 타지오를 본 순간, 그의 믿음이 송두리째 흔들린 것처럼 보인다. 그러나 해변에서 친구들과 모래 위를 달리고, 모래성을 쌓으며, 딸기를 사달라고 엄마에게 떼쓰는 타지오를 보면 그저 평범한 소년이다.

베니스 풍경

구스타프는 몸이 좋지 않아 예정보다 일찍 호텔을 떠났지만, 기차역에서 짐이 엉뚱한 곳으로 부쳐졌다는 사실을 알게 된다. 출발이 늦어지게 되었다며 짜증을 내지만 호텔로 돌아온 그의 얼굴에는 오히려 안도감이 엿보인다.

베니스 시가지를 산책하던 중, 그는 이상한 분위기를 감지한다. 곳곳에서 소독약 냄새가 나고, 심지어 길거리에 사람이 쓰러져 있다. 문의를 해보지만 열풍이 부는 계절이라 전염병을 예방하기 위해 소독을 실시한다는 얘기만 돌아온다. 수소문 끝에 그는 유럽 전역으로 콜레라가 퍼져 많은 사람들이 목숨을 잃었고, 리도 섬에까지 상륙했다는 사실을 알게 된다. 시 당국은 관광객들이 이탈할까 봐 이를 숨기고 있다는 것이다. 곧 봉쇄령이 내려질지 모른다는 정보를 들은 후에도 떠나지 못하는 그는 이 사실을 타지오 가족에게 알릴 방법을 고민한다. 소년을 보호해야겠다는 생각이 앞선 것이다.

미소년에게 늙은 모습을 보이고 싶지 않은 것일까. 이발소에서 그는 흰 머리카락을 까맣게 염색하고, 얼굴에 흰 분칠, 그리고 입술에는 빨간 립스틱을 바른다. 이발사는 "이제 마음껏 사랑에 빠지세요"라고 한다. 그날 밤 그는 오케스트라를 지휘하는 꿈을 꾸는데, 연주가 끝나자 '천하의 사기꾼'이라는 관중의 야유가 쏟아진다. 그의 친구는 충격적인 말을 한다.

"자네 음악은 실패했어. …
자네는 고결함을 갖고 있지 않아.

자네같이 나이 든 사람이
힘들게 얻을 수 있는 게 아냐.
이 세상에서 나이 든 것만큼
순결하지 못한 것도 없어."

　소년의 가족이 오후에 섬을 떠난다는 것을 알게 된 그는 소년을 찾아 나선다. 전염병 소문에 관광객들이 떠나 텅 빈 해변에서 소년을 발견한다. 한낮의 강렬한 햇빛에 의해 염색약과 화장품이 흘러내려 그의 얼굴이 추하게 얼룩진다. 의자에 힘겹게 걸터앉은 그는 창백한 얼굴에 식은땀을 흘리며 가쁜 숨을 연신 몰아쉰다. 그러다가 바다를 향해 아스라이 멀어져가는 소년을 부르는 듯, 잡으려는 듯 팔을 뻗치며 일어서려다 쓰러져 숨을 거둔다.

　이 영화는 '아름다움'이란 예술의 본질을 찾아 평생 헤매던 노예술가가 삶의 끝자락에 우연히 절대적인 미를 발견하고 이를 잡으려 하지만 끝내 절망적인 모습으로 삶을 다하는 안타까움을 표현하고 있다. 동성애 관점에서 이 영화를 보는 시각도 없지 않다.

　원작자 토마스 만은 1911년에 베니스의 리도 섬으로 여행을 갔다. 그곳에서 '완벽한 아름다움'의 실체로 여겨지는 미소년을 본 그는 마음을 빼앗겨, 이를 바탕으로 소설을 썼다고 한다. 그리고 탐미주의를 추구한 이탈리아 영화감독 루키노 비스콘티는 그 소설을 원작으로 동명의 영화를 제작하였다.

영화 내내 쓸쓸하면서도 아름답게 흐르는 선율은 오스트리아 출생의 작곡가인 구스타프 말러의 교향곡 5번 4악장이다. 특히 구스타프가 죽음을 맞는 마지막 장면의 선율은 벅찬 감정을 불러일으킨다. 아울러 화면 가득 펼쳐지는 베니스의 아름다운 운하와 광장, 그리고 다리와 건물들을 관광하듯 감상하는 것도 큰 즐거움을 준다.

4-4.

먼 훗날 우리 사랑은

〈45년 후〉
〈남과 여: 여전히 찬란한〉
〈님아, 그 강을 건너지 마오〉

― 첫사랑의 추억 vs 45년 결혼생활의 무게 ―

45년 후

(45 Years, 감독: 앤드류 헤이, 2015, 영국) ⑮

퇴직 후 전원생활을 하는 케이트(샬롯 램플링 분)와 제프(톰 커트니 분) 부부는 곧 결혼 45주년을 맞는다. 그러나 기념 파티 일주일 전에 도착한 편지 한 장은 두 사람의 평온한 일상을 깨뜨린다. 개를 데리고 아침 산책을 마치고 돌아온 케이트에게 제프가 약간 들뜬 목소리로 편지 내용을 말한다.

> "스위스에서 시신을 찾았다는 거야.
> 50년 넘게 빙하에 갇혀 얼어 있던
> 나의 카티야를 말야."

제프는 케이트와 결혼하기 전에 사귀던 카티야와 함께 알프스 등반을 갔었는데, 그때 실족했던 그녀가 빙하 속에 냉동된 상태로 발견되었다는 것이다. 제프가 '나의 카티야'라 부르는 소리를 듣는 순간, 케이트의 눈빛이 흔들린다.

케이트는 일주일 앞으로 다가온 결혼 기념 파티 준비로 바빠진다. 그날 입을 드레스를 고르고, 파티 장소와 초청 대상자를 점검하며 음식 메뉴도 선택한다. 하지만 제프는 행사 준비에 전혀 신경 쓰지 않고, 거리의 벤치에 우두커니 앉아 끊었던 담배를 다시 피우고, 퇴직 동료들과의 모임도 나가기 싫다며 혼자 보내는 시간이 많아진다.

어느 날 늦은 밤, 케이트는 컴컴한 다락방에서 옛 사진 더미를 뒤적이는 남편을 발견한다.

> "그 여자야? 망할 사진 보여달라구."
> "아무 의미 없는 것들이야.
> 그냥 사진 쪼가리야."

심란해하는 아내의 마음을 헤아리지 못한 그는 수시로 옛 연인에 관한 얘기를 늘어놓는다. 그녀와 함께 봤던 제비꽃 얘기며 사고가 나지 않았다면 그녀와 결혼했을 거란 말까지 거리낌 없이 한다. 화가 난 아내는 다락방에 올라가 남편의 물품들을 뒤적인다. 낡은 사진첩에서 아랫배가 약간 볼록한 젊은 여인의 모습을 본 케이트의 얼굴이 한층 굳어진다. 제프와 케이트 부부 사이에는 아이가 없다. 제프가 여행사에 들러 스위스 여행에 대해 문의한 사실을 확인한 그녀는 심한 배신감에 사로잡힌다. 그러나 기념 파티 전날에도 남편은 사태의 심각성을 여전히 깨닫지 못한 듯하다.

파티가 열리는 날 아침, 여느 때와는 달리 제프가 아침 식사 준비를 하고, 케이트에게 개를 데리고 아침 산책을 함께 가자며 먼저 나선다. 결혼 기념품이라며 목걸이도 선물한다. 파티에서 제프는 친구들 앞에서 결혼 45주년을 맞는 소회를 밝히며 울먹인다.

"부부라면 누구나 그렇듯 기복도 있었고,
늘 달콤하지만은 않았죠.
피하고 싶은 실수도 있지만요.
나하고 결혼하자고 당신을 설득한 건
내가 한 일 중에 제일 잘한 거야.
사랑해, 많이 사랑해…."

부부는 감미로우면서도 우수에 찬 음악에 맞춰 춤을 춘다. 45년 전 결혼식에서 사용했던 곡이다. 하지만 춤을 추는 동안에도 그녀의 굳은 표정은 풀리지 않는다. 음악이 끝날 무렵, 제프가 잡고 있던 케이트의 손을 위로 들어 올리는 순간 그녀는 그의 손을 뿌리친다.

'남자는 첫사랑을 가슴에 품고 살고, 여자는 마지막 사랑을 기다리며 산다'라는 말이 있다. 제프는 케이트와 45년간의 결혼생활 내내 첫사랑 카티야를 마음 깊숙이 품고 살아왔던가? 아니면 뜻하지 않은 소식에 잠시 마음이 흔들렸을 뿐인가? 파티가 열린 날 제프는 아침 식사 준비와 산책에 앞장서고, 선물과 함께 파티장에서 결혼해주어 고맙다는 인사말을 한다. 이는 케이티만이 유일한 사랑이라는 것을 고백하는 것일까. 아니면 단순한 외교적 언사에 불과한 것일까.

그러나 케이트는 옛 연인의 소식에 급격히 흔들리는 남편을 보면서 45년간 쌓은 사랑의 탑이 일순간에 무너짐을 느꼈다. 어쩌면 자기는 알맹이 없는 껍데기와 살아온 것이 아닐까 하는 허무함마저 느꼈을지 모른다.

해변의 부부들

부부간에 다소 갈등이 있다 하더라도, 45년이라는 세월의 길이를 생각하면 그동안 쌓아온 '미운 정 고운 정'으로 넉넉하게 극복할 수 있을 것 같다. 그러나 긴 세월 동고동락했지만 어느 순간 영 낯설게 느껴지는 것 또한 부부 사이다. 너무 가깝기 때문에 잘 보이질 않고, 너무 잘 알기 때문에 오히려 놓칠 수 있는 것이 부부 사이 아닐까?

45년이란 긴 세월 동안 켜켜이 쌓아 올린 믿음과 신뢰가 단단해 보이지만, 조그만 것에 의해서도 쉽게 균열이 일어날 수 있다는 것을 이 영화는 보여준다. 영화의 남녀 주인공은 2015년 베를린국제영화제에서 남·여우주연상을 함께 수상했다.

— 50년 후의 사랑, 여전히 찬란한 현재 진행형 —

남과 여: 여전히 찬란한

(The Best Years Of A Life, 감독: 끌로드 를르슈, 2019, 프랑스) ⑮

'생애 최고의 나날은 아직 살지 않은 날들이다.'

— 빅토르 위고, 영화 자막에서 —

작은 가게를 운영하며 딸 가족과 평온한 날들을 보내고 있는 안느(아누크 에메 분)에게 한 중년 남자가 찾아온다. 자신을 유명한 카레이서였던 장 루이의 아들이라고 소개한 그는, "아버지가 치매를 앓고 계시는데 기억하시는 건 부인뿐이에요"라며 한 번 만나줄 것을 그녀에게 간청한다.

안느는 망설임 끝에 요양원을 방문한다. 50여 년 만에 마주한 두 사람. 남자(장 루이 트린티냥 분)는 안느를 알아보지 못한 채 "새로 왔어요? 여기 오긴 너무 젊네요"라며 인사한 후, 자기가 사랑했던 여자와 닮았다고 한다.

> "그 여자를 참 좋아했어요. 특히 당신 닮은 한 사람.
> 다른 건 다 잊어도 그 사람 눈빛은 못 잊어요.
> 이름이 안느요."

옆 머리카락을 쓸어 넘기는 안느의 손짓을 본 그는 "그 여자도 그랬는데" 하며 50여 년간 지니고 있다는 여자의 사진을 보여준다. 비록 희미해졌지만 분명한 안느의 사진이다. 아직 그녀의 전화번호를 기억한다는 그에게 안느는 "왜 연락하지 않았느냐?"라고 묻는다. "나처럼 늙고 추해졌을 텐데. 나에게 과분했어요"라고 대답한 남자는 "보면 볼수록 그녀와 닮았네"라며 되뇐다. 집에 돌아온 안느는 딸에게 흥분을 감추지 못한다.

> "그가 날 그렇게 사랑했는지 몰랐어.
> 처음 다가갈 때 소녀처럼 가슴이 뛰더라."

영화 〈남과 여〉(1966, 2019년 작) 스틸 컷, 동일 남녀 주인공 배우들

    다시 요양원을 방문한 안느는 탈출하고 싶다는 장 루이의 요구에 그를 차에 태우고 여행을 떠난다. 그들이 방문한 곳은 50여 년 전 두 사람의 추억이 서린 프랑스 노르망디 지역의 도빌이다. 그들은 당시 각자의 아들딸이 공부하는 기숙학교가 있는 그곳에서 만났다. 일요일에 아이들을 만난 후, 파리로 가는 기차를 놓친 안느를 장 루이가 차에 태워주면서 그들의 인연이 시작되었던 것이다. 유명한 카레이서였던 그는 그날만큼은 차를 천천히 몰았다고 한다. 앞으로 평생이라도 그녀를 자기 차에 태우고 싶었다면서.

    과거에 묵은 적 있는 도빌의 호텔을 방문한 두 사람은 추억이 서린 방을 찾는다. 죽은 남편에 대한 안느의 기억이 장애가 되었던 것일까? 아니면 장 루이의 바람기가 문제였던 것일까? 그들은 결국 맺어지지 못했다.

    두 사람은 옛적 아들딸과 함께 거닐던 해변을 걷는다. 철썩이는 파도, 희뿌연 안개에 잠긴 채 늘어선 가로등, 해변을 걷는 젊은 연인들, 개를 데리고 산책하는 가족, 해변을 달리는 검은 개… 모두가 예전 그대로다. 훗날, 안느는 왜 헤어졌냐는 질문에 "너무 좋았거든요. 너무 완벽해서… 겁이 났어요"라고 답한 적이 있다.

얼마 뒤, 다시 요양원을 찾은 안느에게 장 루이는 "새로 왔어요?" 하며 처음 본 사람에게 하는 것처럼 인사를 한다. 그리고 요양원을 안내해주겠다며 '경주차'에 태워달라고 한다. 그녀는 "출발! 갑니다. 이제 탈출하는 거예요" 하며 장 루이를 태운 휠체어를 힘껏 민다.

1966년에 개봉된 〈남과 여〉, 1986년의 〈남과 여: 20년 후〉, 그리고 2019년에 제작된 〈남과 여: 여전히 찬란한〉의 감독과 남녀 주인공 배우들은 같은 사람들이다. 53년간에 걸쳐 같은 작품을 연출하고 출연한 것이다. 아들과 딸로 출연했던 아이들 역시 중년이 되어, 각각의 자식으로 다시 출연했다.

도빌 해변과 아름다운 노을, 해변을 거니는 연인들과 달리는 개는 50년 전 그대로이지만, 멋지고 예뻤던 남녀 주인공들에게는 오랜 세월의 흔적이 짙게 드리워져 있다. 그러나 그들의 사랑 만큼은 여전히 찬란한, 현재 진행형이다.

1966년 영화의 주제곡인 'A Man and A Woman'을 이 영화에서도 들을 수 있다. 감미로운 보사노바풍의 선율과 귓가에 맴도는 멜로디로 로맨틱한 분위기를 느끼게 하는 이 곡은 오늘날에도 수많은 사람들의 사랑을 받고 있다.

— 76년간을 신혼부부처럼 —

님아, 그 강을 건너지 마오

(감독: 진모영, 2014, 한국) 전체

강원도 산골 마을 외딴집에 신혼부부(?)가 살고 있다. 봄이면 부부는 다정하게 손잡고 산과 들에서 나물을 캔다. 개울에서 냉이를 씻는 아내에게 남편이 돌을 던져 물방울을 튀기면, 아내는 남편을 향해 바가지로 물을 뿌린다. 여름이면 물놀이를 하고, 가을에는 국화꽃을 꺾어 서로의 머리에 꽂아준다. 눈이 내리면 함께 눈사람을 만들고, 장작불에 옥수수를 구워 먹는다. 밤에 아내가 화장실 가기가 무섭다고 하자, 남편은 화장실 문 앞에서 노래를 부르며 지켜준다. 그 주인공들은 98세의 로맨티스트 조병만 할아버지(조병만 분)와 소녀 감성의 89세 강계열 할머니(강계열 분)다.

집안이 가난했던 신랑은 신혼 초에 처가살이를 했는데, 당시 열네 살이던 새색시는 부끄러워 신랑을 피하며 '아저씨'라 불렀다고 한다. 두 사람은 어디를 가도 고운 한복을 같은 색으로 갖춰 입고 두 손을 꼭 잡고 걷는다. 할머니가 노란색 저고리에 자주색 치마를 입으면 할아버지 옷차림도 같은 색이다.

할머니 생신을 맞아 아들딸 가족이 모여 식사를 하고, 생일 축하 노래를 부른다. 그러다가 남매가 말싸움을 시작하더니, 여동생이 "큰아들 노릇 제대로 해" 하며 오빠를 원망한다. 이를 멍하니 바라보는 할머니를 막내딸이 다가가서 살며시 안아준다.

집에는 '공순이'와 '꼬마'로 불리는 강아지 두 마리가 한 식구로 살고 있다. 어느 날, 강아지 꼬마가 죽었다. 하얀 수건에 꼬마를 싸서 묻어주는 할머니의 눈에 눈물이 맺힌다. 노란 저고리에 연보라색 치마와 바지로 꽃단장을 한 부부가 읍내 장에 간 날, 아이들 내복 여섯 벌을 고르며 할머니는 "아이 열둘을 낳아 홍역으로, 난리 통에 여섯이나 잃었다"라며 눈물짓는다. 잃은 아이들 이름을 하나하나 부르고는 할아버지에게 당부를 한다.

> "당신 먼저 가면
> 애들에게 엄마가 사주더라며 내복을 입혀줘요.
> 옛날에 못 사 입혀서 미안하다며.
> 이 예쁜 것을⋯."

기력이 부쩍 떨어진 할아버지가 잦은 기침에 숨소리가 거칠어지며 잠을 제대로 이루지 못한다. 할머니는 등을 긁어주며 함께 밤을 새운다. 놀란 자식들이 병원으로 모셔 가지만, 의사는 노환으로 마땅한 약이 없다며 그냥 편하게 모시라는 얘기를 할 뿐이다. 자식들은 아버지에게 "잘 모시지 못해 미안하다"라며 울먹인다. 이제 함께할 시간이 많이 남지 않았음을 직감한 할머니는 이별을 준비한다. "옷을 태워줘야 죽은 사람이 입는대요" 하면서 할아버지 옷을 태운다.

"할아버지, 내가 금방 못 가거든
날 데리러 와요.
함께 새파란 치마, 노란 저고리 입고
손잡고 갑시다."

공순이가 강아지 여섯 마리를 낳았다. 새끼 강아지가 꼬리를
흔들며 마루에 힘없이 누운 할아버지의 얼굴을 핥는다. 탄생과
소멸, 삶과 죽음이 공존하는 순간이다. 할아버지가 거의 밥을 먹
지 못하자, 할머니는 수의를 깨끗이 손질한다. 그리고 노부부는
안타까운 이별 인사를 나눈다.

"석 달만 더 살아요.
나하고 손을 맞잡고 같이 가요."
"꽃도 나이 많으면 떨어져요."

할아버지의 장례를 치른 후, 할머니는 봉분에서 아이들 내복
을 태우며 "아이들 만나거든 한 벌씩 입혀요" 하며 다시 한번 당
부한다. 눈 덮인 묘를 떠나며 할머니는 "할아버지 보고 싶더래도
참아야 돼" 하면서 몇 번이고 뒤돌아보며 흐느낀다.

노부부는 늘 고운 색의 한복을 입고, 어딜 가도 두 손을 꼭 잡
으며, 서로에게 존댓말을 한다. 한결같은 사랑이 무려 76년간 이

어져왔다는 것이 존경스럽다 못해 경이롭다. 영원한 신혼부부의 일기를 읽는 느낌이다. 저세상에 가서도 두 분의 사랑은 한결같을 것이다. 영화는 우리 삶에서 가장 소중한 사람은 내 곁을 지켜주는 동반자임을 환기시켜준다.

이 영화는 480만 명의 누적 관객을 기록했는데, 이는 우리나라 다큐멘터리 영화 사상 최고의 기록이다. 영화 제목은 임을 여읜 슬픔을 노래한 '공무도하가(公無渡河歌)'[62]에서 따온 것이다.

---

[62] 창작 연대 미상의 고대가요로서, 이름 모를 백수광부(白首狂夫)의 아내가 지었다고 한다. '임이여 물을 건너지 마오. 임은 결국 물을 건너시네'로 시작한다(출처: 한국민족문화대백과).

제5부

삶은 꿈이런가

꿈길

고독과 아픔을 함께 나누며

〈밤에 우리 영혼은〉
〈드라이빙 미스 데이지〉
〈워낭소리〉

— '절대 고독'의 남녀, 함께 긴 밤 견디기 —

밤에 우리 영혼은

(Our Souls At Night, 감독: 리테쉬 바트라, 2017, 미국) ⑮

"괜찮으시면 언제 제 집에 오셔서 같이 주무실래요?
우리 둘 다 혼자잖아요. 섹스를 하자는 게 아니에요.
함께 누워서 잠들 때까지 얘기하면서
밤을 보내자는 거죠."

미국 콜로라도주의 어느 작은 마을, 루이스(로버트 레드포드 분)는 데운 냉동식품으로 저녁을 때우고 TV를 켠다. 읽다 만 신문을 뒤적이는데 이웃집 여인 애디(제인 폰다 분)가 찾아와 뜬금없는 제안을 한다. 외로운 사람끼리 침대에 누워 얘기를 나누며 끔찍한 밤을 함께 견뎌보자고 말이다. 뜻하지 않은 제안을 받은 루이스는 생각해보겠노라 하며 확답을 미룬다.

다음 날, 루이스는 남자 노인 친구들 모임에 참석하지만 실없는 얘기들만 오간다. 오늘 밤에 방문하겠다는 전화를 한 그는 해가 진 다음에 양치를 하고, 새 셔츠를 골라 입은 후, 잠옷을 챙겨 들고는 그녀의 집 뒷문을 두드린다.

"왜 뒷문으로 와요?"
"사람들이 수군댈 테니까요."
"수군대라고 하죠.
난 남들이 어떻게 생각할지 걱정하면서
평생 살았어요."

그녀는 다음부터는 현관으로 들어오라고 한다. 두 사람은 수십 년 동안 이웃으로 살아왔지만 서로에 대해 아는 게 별로 없다. 와인 잔을 앞에 두고 서로 말이 없자, 애디는 '날씨'만 빼고 뭐든지 얘기해보라고 한다. 두 사람은 지금부터 서로 알아가자며 첫 밤을 어색하게 보낸다. 다음 날 아침, 떠나려는 그에게 잠옷을 두고 가라고 그녀가 말한다.

집에 돌아온 루이스는 신문의 퍼즐 맞추기를 하고, TV를 보며 맥주를 마셔보지만 무료하긴 마찬가지이다. 날이 어두워지자 그는 다시 애디의 집으로 향한다. 그러나 뒷문을 두드리는 그를 본 그녀가 커튼을 닫는다. 그가 발길을 돌려 현관으로 가자, 그녀는 웃으며 맞이한다. "난 늘 당신이 좋은 사람이라 생각했어요. 그리고 대화 상대로 좋을 것 같았어요"라는 그녀의 말에, 루이스도 "주관이 확실하고 품위 있는 사람으로 알고 있었다"라며 화답한다.

여자 혼자 사는 집에 남자가 밤마다 찾아가는 것을 알게 된 마을 사람들이 예상대로 수군댄다. 루이스의 친구들은 "자네 요즘 바쁘다는 소문이 많아. 자네 힘이 부러워" 하며 뼈 있는 농담을 하고, 애디와 마주친 마을 여인네들의 눈길이 싸늘하다. 그러나 두 사람은 이웃의 시선을 무시하며 팔짱을 끼고 시내 식당에도 간다.

함께하는 밤이 거듭되면서 두 사람은 마음속의 회한과 상처를 내보이며 아픔을 나눈다. 애디는 교통사고로 딸을 잃은 후 세상을 멀리했던 사연을, 루이스는 과거에 잠시나마 불륜을 저질러 가족들에게 상처를 줬던 얘기를 털어놓는다. 두 사람은 지난날 삶에서의 행복과 후회, 사랑에 관한 얘기를 나누며 서로를 이해하고 위로한다.

애디가 일곱 살인 손자 제이미를 돌보게 되었다. 그녀의 아들 진이 아내가 집을 나갔다며 맡긴 것이다. 루이스는 제이미가 친손자인 양 함께 야구장에 가고, 호숫가 캠핑을 하며, 개도 한 마리 입양한다. 애디, 루이스, 제이미, 그리고 반려견이 함께 어울리니 여느 평범한 가족의 모습이다.

그러나 이를 알게 된 진이 루이스를 노골적으로 싫어한다. 루이스가 바람을 피워 가족에게 고통을 준 것을 알고 있기 때문이다. 진은 그의 과거가 아들에게 나쁜 영향을 줄 것이라며 할머니와 있고 싶다는 제이미를 데려간다. 아내에게 버림받은 진이 아내를 배신한 적이 있는 루이스를 받아들이기 어려웠을 것이다. 애디는 40년 전 일이라며 루이스를 이해하고자 한다. 애디와 루이스는 여행 가서 홀 가득히 흐르는 달콤한 음악에 맞춰 춤을 춘다.

'나의 어제는 어두웠지만 오늘은 당신과 함께라네.
외로운 밤들은 이제 안녕….'

마을 사람들에게 두 사람의 관계는 더 이상 애깃거리가 되지 않는다. 격려를 보내는 이웃도 있다. 어느 날, 술에 취한 진이 엄마에게 어릴 적에 자신을 구박했고 사랑하지 않았다며, 제이미를 위해서라도 이제 함께 살자고 한다. 애디가 고심 끝에 아들과의 관계를 바로잡고 싶다는 뜻을 루이스에게 전하자, 그는 그녀를 떠나기로 결심한다.

다시 홀로된 그는 젊은 시절부터 꿈이었던 그림 그리기를 시작한다. 루이스가 애디에게 휴대폰을 선물하자, 두 사람은 잠이 오지 않는다며 통화한다. 할 이야기가 없으면 '날씨' 얘기라도 하자며…. 각자의 잠자리에서 휴대폰으로 대화를 나누는 두 사람의 얼굴에 편안한 미소가 감돈다.

이 영화는 외로움을 피할 수 없는 숙명으로만 여기는 삶을 거부한, 용기 있으면서 품위를 잃지 않은 노년의 모습을 보여준다. 외로움으로 긴 밤을 지새우던 두 영혼이 늦게나마 만나, 서로 이해하고 위로하며 고독을 이겨낸 것이다. 긴 밤을 같은 침대에서 함께 보내기 어렵게 된 두 사람은 휴대폰으로 나누는 '날씨' 얘기만으로도 즐겁다.

해변의 노을

세계적인 배우인 로버트 레드포드와 제인 폰다의 연기, 그리고 곱게 늙은 그들의 모습이 돋보인다. 이 영화의 원작은 켄트 하루프의 동명 소설이다. 작가는 애디가 루이스를 초대하고 루이스가 애디의 집을 찾은 이유에 대해서 "이 나이에 누군가를 알아가는 것, 스스로가 그녀를 좋아하고 있음을 깨닫는 것, 알고

봤더니 자신이 온통 말라죽은 것만은 아님을 발견하는 것"이라
고 말했다 한다.

드라이빙 미스 데이지

(Driving Miss Daisy, 감독: 브루스 베레스포드, 미국, 1989) 전체

　인종차별이 극심하던 1940년대 후반. 미국 조지아주 애틀랜
타시에 사는 72세의 데이지(제시카 탠디 분)는 깐깐한 성격에, 유
대인으로서 자부심이 강하다. 어느 날 운전을 하다 사고를 낸 그
녀는 노령에서 비롯된 자신의 부주의[63]는 인정하지 않고 잘못을
차 탓으로 돌린다.

　그녀의 아들은 어머니가 더 이상 운전하는 것이 무리라는 생
각에, 늙었지만 노련한 흑인 운전사 호크(모건 프리만 분)를 고용
한다. 그녀는 아직 운전에 문제없다며 그를 받아들이지 않는다.
그러나 호크는 인내심을 가지고 타고난 유머와 넉살로 노력한
결과, 그녀의 차를 운전하게 된다. 그녀는 옛날 죽 먹던 시절 애
기와 기름 소모를 걱정하며 그의 운전에 일일이 간섭한다.

---

[63] 미래학자 애덤 한프트는 고령의 운전자에 의한 교통사고를 '드라이빙 미스 데이지 증후
　군'이라고 명명했다. 최근에 우리나라에서도 고령자에 의한 교통사고 증가가 사회문제
　가 되고 있다.

흑인에 대한 편견이 있는 데이지는 어느 날 호크가 도둑질한 것이 틀림없다며 소란을 피운다. 부엌 선반에 놓아둔 연어 통조림 한 개가 없어졌다는 것이다. 그때 출근한 호크가 어제 통조림 한 개를 먹었다며 새로 사 온 것으로 채워놓는다. 이를 계기로 그를 대하는 그녀의 태도가 차츰 바뀐다. 교사였던 그녀는 글을 읽지 못하는 그에게 글쓰기를 가르치고, 크리스마스에 책도 선물한다. 성별과 인종, 종교가 다른 두 사람은 서서히 친구가 되어간다.

데이지는 앨라배마주에 살고 있는 오빠의 생일을 축하하러 가다가 백인 경찰에게 불심검문을 당한다. 경찰은 "늙은 검둥이와 유대인 할멈. 어울리는 한 쌍이구먼" 하는 인종차별적인 말을 몰래 내뱉는다. 그녀는 경찰이 흑인인 호크를 인종차별적으로 대하는 것만 생각했지, 정작 유대인이라는 이유로 자신도 차별받고 있다는 사실은 알지 못한다. 운행 중 길에서 소변을 봐야 한다는 호크에게 그녀는 "아까 주유소에서 보지 않고… 시간이 없으니 빨리 가자" 한다. 그러자 호크는 불쾌한 심정을 내보인다.

"흑인은 백인이 쓰는 화장실을
이용할 수 없다는 것을 아시잖습니까?
전 어린애가 아니에요.
마님의 부속품이 아니라고요."

당시 미국 사회에 만연한 인종차별이 선명하게 부각된다. 일하던 하녀가 갑자기 죽자, 데이지는 서툰 요리 솜씨와 집안일로 큰 고생을 한다. 겨울밤에 정전이 되어 그녀는 큰 어려움을 맞게 되었다. 아들에게 도움을 청했지만, "길이 녹는 대로 가겠다"라고 한다. 그때 호크가 도넛과 커피를 사들고 오자 너무나 반가워하는 그녀다.

마을 유대인 회당에 폭발 사건이 발생하자 미국 사회에서 유대인도 차별과 테러 대상인 것을 그녀는 비로소 깨닫게 된다. 호크로부터 어렸을 적 친구의 아버지가 백인들에게 살해당한 이야기를 들은 그녀는 눈물을 보인다. 그녀는 흑인 인권운동가 마틴 루터 킹 목사의 연설회에 참석하여 경청한다.

"이 변화의 시대에 가장 슬픈 비극은
나쁜 사람들의 폭력과 독설이 아니라
선한 사람들의 소름끼치는 침묵과 무관심입니다. …
빛 가운데 있는 자들의
두려움과 무관심을 회개합시다."

데이지는 호크와의 소통을 통해 차별과 편견으로 힘든 삶을 살고 있는 사람들의 아픔을 이해하게 되었고, 세상과 공감하게 된 것이다.

세월이 한참 흐른 어느 날, 그녀는 잠옷 차림에 산발한 채로 '학생들 숙제 뭉치'가 없어졌다며 안절부절못한다. 치매가 온 것이다. 멍한 눈동자의 그녀 얼굴이 부쩍 늙어 보인다. 잠시 정신이 든 것일까? 자신을 위로하는 호크의 손을 잡으며 그녀는 말한다.

"당신은 가장 좋은 내 친구예요."

데이지가 양로원에 입주하자, 운전을 그만둔 호크는 정신이 오락가락하는 그녀에게 가끔 찾아가 말동무가 되어준다. 어느 날 그녀의 아들과 호크가 함께 양로원을 방문한다. 그녀는 호크와 이야기하고 싶다며 아들을 방에서 내보낸다. 그녀가 제대로 포크질을 하지 못하자 호크가 케이크를 떠먹여주는데, 마주 보는 두 사람의 눈길이 따뜻하다.

우정

두 노인의 우정이 훈훈한 감동으로 다가온다. 25년이란 세월에 걸쳐 두 사람 사이에 성별, 피부 색깔, 인종과 종교, 사회적 계층을 뛰어넘은 진정한 우정이 맺어진 것이다. 데이지는 호크와의 소통을 통하여 평생 갇혀 지냈던 자신만의 울타리를 벗어나 세상을 이해하게 되었고, 타인의 아픔에 공감하게 되었다. 그러나 흑인이 성실하게 백인 주인을 모시고, 인종차별주의적 성향을 가졌던 백인은 이에 감응하여 친구가 된다는 점에서 흑인과 백인이 대등한 관계에서 진정한 우정을 맺는 것이 아니라는 비판도 있다.

이 작품은 제62회 아카데미 작품상을 받았고, 데이지 역을 한 제시카 탠디는 여우주연상을 수상하였다. 그녀는 당시 81세로 아카데미영화제 사상 최고령 여우주연상 수상자로 기록되었다.

― 79세 할아버지의 '베프'는 누렁이 소 ―

워낭소리

(Old Partner, 감독: 이충렬, 2008, 한국) 전체

2005년 4월, 경상북도 봉화군 산골에서 평생 땅을 일구며 살아온 79세 최원균(최원균 분) 노인에겐 최고의 친구가 있다. 다름 아닌 누렁이 소다. 소의 평균 수명은 15년에서 20년인데, 누렁이의 나이는 그 두 배가 넘는 마흔 살에 이른다. 누렁이는 최 노인의 절친이며, 함께 농사짓는 동료 일꾼이고, 다리가 불편한 그

를 태워 함께 나들이하는 길동무이기도 하다. 그는 누렁이에게 최고의 감사를 표한다.

> "이 소 덕분에 여태껏 살았어.
> 논밭 갈고, 아들딸 공부시키고,
> 시집장가 보내고."

최 노인은 논밭에서 일할 때 할머니가 새참으로 가져온 쌀밥과 막걸리를 소와 함께 나눠 먹고 마신다. 사료 대신 매끼 짚으로 쇠죽을 끓이거나 소꼴을 베어 먹이고, 소에게 해롭다며 논밭에 농약도 치지 않는다. 누렁이도 주인에게 보답하듯 노쇠한 몸으로 논밭 일을 도맡아 한다. 이웃들은 트랙터로 밭 갈고, 경운기로 운송한다. 읍내 장날, 누렁이는 막걸리에 취해 소달구지에서 깜빡 잠이 든 최 노인을 무사히 집에까지 모셔 오기도 한다.

최 노인과 소는 날이 갈수록 노쇠해간다. 할머니(이삼순 분)는 "영감이 자나 깨나 맨날 소 걱정만 하면서 내가 아파도 약도 안 사주고… 나만 부려 먹고"라며 불평한다. 할머니가 소를 팔고 남들처럼 기계로 농사짓자며 거듭 잔소리를 하지만, 들은 척도 않는 최 노인이다. 수의사가 소가 올해를 넘길 수 없을 거라고 하자, 그는 말한다.

> "소가 죽으면 내가 장사 치러주고,
> 상주질도 하고, 나도 따라 죽겠다."

앓던 두통이 심해진 최 노인이 소가 끄는 달구지를 타고 읍내로 간다. 읍내에는 '한미 FTA 체결'을 반대하는 시위가 벌어지고 있다. '국민 건강 위협하는 미친 소가 몰려온다. 우리 한우 사수하자!'라고 적힌 플래카드를 든 농민들이 거리 행진을 한다. 의사는 최 노인에게 고혈압에 뇌출혈이 우려된다며 당장 농사일을 줄이라고 권고한다. 읍내에 간 김에 노부부는 사진관에서 영정 사진을 찍는다. 추석을 맞아 찾아온 아들딸들도 용돈을 드리겠다며 소를 팔 것을 강권한다.

최 노인의 병환이 깊어지고, 온몸이 상처투성이인 소도 제대로 걷지 못한다. 할머니와 자식들의 성화에 못 이겨 우시장을 찾은 그는 상인들에게 소의 몸값으로 오백만 원을 부른다. 상인들은 늙은 소는 고기가 질겨서 먹지도 못한다며 "그저 줘도 안 가져가요" 하고는, 소고기 수입이 개방되면 소 값이 떨어질 거라는 말을 덧붙인다. 집에 돌아온 그는 "나쁜 놈들이 값을 적게 부르는 바람에 안 팔고 왔어"라고 할머니에게 말한다.

2006년 12월, 한층 쇠약해진 소가 일어서지 못하자, 최 노인은 소의 코뚜레와 워낭[64]을 벗겨준다. 그리고 "고생하고 애먹었어. 좋은 데 가라"라며 눈물을 쏟으며 이별 인사를 한다. 소가 숨지자, 평생 쟁기질했던 밭에 소를 정성스레 묻어주고 무덤에 막걸리를 부어준다. 최 노인은 소가 목에 달고 다니던 워낭을 흔들어 댕그랑 소리를 내어본다.

---

64 마소의 귀에서 턱밑으로 늘여 단 방울(네이버 국어사전)

'유년의 우리를 키우기 위해 헌신했던
이 땅의 모든 소와 부모님께 이 작품을 바칩니다.'

— 영화 자막 —

주인공 최원균 할아버지는 2013년에 85세 나이로 별세했다. '누렁이 옆에 묻어달라'라는 평소 유언에 따라 고인의 묘소는 소가 묻힌 경북 봉화군 워낭소리 공원묘지에 마련되었다. 무덤 묘비에는 '소가 죽으면 내가 상주 노릇할 거야'가 새겨져 있다. 이 영화는 우리나라 다큐멘터리 영화 관람기록을 새로이 써, 총 관객이 295만 명에 이르렀다. 이 기록은 2014년도에 개봉된 〈님아, 그 강을 건너지 마오〉[65](감독: 진모영, 480만 명)에 의해 경신되었다. 2008년 부산국제영화제에서 다큐멘터리 부문 최우수상을 수상했다.

워낭공원

묘비 '소 죽으면 내가 상주 노릇 할 거야'

---

65 이 책 제4부, 「4-4. 먼 훗날 우리 사랑은」 참조

5-2.
조용히 사라지다

〈시〉
〈노인을 위한 나라는 없다〉
〈최후의 총잡이〉

— 미자가 시상(詩想)을 찾은 곳은? —

시

(Poetry, 감독: 이창동, 2010, 한국) ⑮

  꽃무늬 색상의 화려한 옷에 예쁜 모자를 쓴 양미자(윤정희[66] 분)
는 '당신도 시인이 될 수 있습니다'라고 적힌 포스터를 보고 문학
강좌에 등록한다.

    "시를 쓰기 위해서는 잘 관찰해야 해요.
    그리고 샘에 물이 고이듯이 종이와 연필을 들고

---

[66] 배우 윤정희(1944~2023) 씨의 본명이 손미자이다. 영화 촬영 당시 나이가 주인공과 같
다. 2023년 1월 프랑스에서 향년 78세로 별세했다.

시상이 떠오르는 순간을 기다리는 거예요.
흰 종이의 여백, 순수한 가능성의 세계,
창조 이전의 세계….”

유명 시인인 강사(김용택[67] 분)의 강의를 귀담아들은 그녀는 사과를 요리조리 돌려서 관찰하고, 길가 야생화와 나뭇잎의 흔들림에 눈길을 오래 준다. 강사는 수강생들에게 강좌가 끝나기 전에 시 한 편씩 쓰라는 과제를 부여한다. 소녀 같은 맑은 감성을 지닌 그녀는 세상의 아름다움을 시로 쓰고자 시상(詩想)을 찾는 한편, 시 낭송회도 찾아다닌다.

하지만 생활보호 대상자인 그녀의 현실은 곤궁하다. 66세 나이에 간병 일로 생계를 꾸리며, 이혼한 딸이 맡긴 중학생 외손자 종욱(이다윗 분)을 돌보고 있다. 의사는 전기, 비누 등 생활 단어를 자주 잊는다는 그녀에게 치매가 의심된다며 큰 병원에 가보라고 한다.

어느 날 그녀는 종욱의 친구 아버지로부터 전화를 받고 학부모 모임에 참석한다. 거기서 외손자가 한 여학생을 집단 성폭행하는 데 가담했고, 피해 여학생 희진은 강에 투신자살했다는 사실을 알게 된다. 가해자 학부모들과 학교 교감은 사건을 극비에 부치기로 하고, 피해보상금조로 3천만 원을 나눠 마련하기로 의견을 모은다.

---

[67] 섬진강 시인으로 널리 알려진 시인 김용택 씨가 강사로 출연한다.

학부모들은 "학교와 경찰은 얘기가 잘되고 있으니, 언론을 조심하자"라며, 자기 아들들을 보호하자고 다짐한다. 죽은 소녀에 대한 애도는 관심 밖이다. 그날 밤, 그녀는 자는 척하는 종욱을 흔들며 "왜 그랬냐" 하며 절규한다.

미자는 희진(세례명 아네스)의 성당 영결식에 참석하고, 성폭행 현장과 희진이 몸을 던진 다리도 방문한다. 다리에서 밑을 내려다보던 미자의 하얀 모자가 바람에 날려 강물에 떠내려간다.

그녀는 '같은 여자끼리 잘 얘기해보라'라는 등쌀에 떠밀려 학부모 대표로 희진의 집을 찾아간다. 희진의 아빠는 예전에 사고로 세상을 떠났고, 엄마는 농사일로 힘들게 살고 있다. 가는 길에 그녀는 화창한 날씨와 재잘거리는 새소리에 넋을 잃고, 길바닥에 떨어진 살구를 보며 시상을 떠올리려 애쓰며 메모를 한다. 그러나 막상 희진의 엄마를 만나서는 자신의 임무를 잊어버린 채, 시골 경치와 살구 이야기만 주고받고는 돌아온다. 그녀는 의사로부터 알츠하이머병이라는 통보를 받는다.

갹출금 5백만 원을 빨리 내라는 독촉을 받은 미자는 자신이 간병하고 있는, 중풍을 앓고 있는 노인(김희라 분)과 육체적 관계를 맺은 후 노인을 협박하다시피 해서 겨우 돈을 마련한다. 돈을 건네받은 학부모 대표는 말한다.

"이제 걱정 안 하셔도 됩니다.
학교와 얘기 끝냈고, 언론도 막고,
피해자 가족하고도 합의했으니까요.

다만, 피해자가 미성년자인 경우
누가 경찰에 고발하면 수사를 해야 돼요."

미자는 성당 장례 미사에서 가져온 희진의 사진을 식탁 위에 놓는다. 종욱은 그 사진을 힐끗 쳐다볼 뿐 일말의 동요도 없이 밥을 먹고 TV를 본다. 이를 지켜본 미자는 몸이 깨끗해야 마음도 깨끗해진다며 종욱에게 목욕을 시키고 발톱을 손수 깎아준다. 그날 밤, 경찰이 외손자를 연행해 가지만 눈길조차 주지 않는 그녀다. 그녀가 경찰에 신고한 것으로 짐작된다. 그리고 자식을 방치하고 있는, 부산에 사는 딸도 집으로 소환한다.

시 수업 마지막 날, 교탁 위에 미자가 두고 간 꽃다발과 시 한 편이 놓여 있다. 시는 희진에게 바치는 것이다. 강사가 읽기 시작한 시 낭송은 미자의 목소리를 거쳐 희진의 목소리로 바뀐다. 화면에는 흰 교복을 입은 한 소녀가 옅은 미소를 지으며 돌아본다. 미자가 소녀의 영혼을 다소나마 위로한 것일까.

미자는 한 편의 아름다운 시를 쓰고자 했다. 처음에는 꽃과 나뭇잎 등 아름다운 것들에서 시상을 찾아 헤맸지만, 시상이 떠오르지 않아 고민한다. 강사는 시상은 우리 주변에 있으니 '적극적으로 찾아다녀야 한다'라고 충고한다.

그러는 가운데 그녀는 외손자의 범행을 알게 되고, 잘못을 전혀 느끼지 못하는 그에게 실망한다. 사건이 외부에 알려지는 것을 막는 데만 급급한 학교, 자기 아들 보호에만 관심을 둔 학부모들,

그리고 진실을 외면하는 경찰과 언론에도 분노를 느꼈을 것이다. 그녀 자신도 육체적 관계를 미끼로 노인으로부터 돈을 뜯어냈다.

　아름다움으로 가득한 세상이라 믿고, 그 속에서 시상을 찾아 헤매던 그녀는 자신의 믿음이 송두리째 무너지는 것을 느꼈을 것이다. 아름다움 대신에 추악함으로 가득한 세상을 보고 난 후, 고통과 절망을 느껴 분노했을 것이다. 그래서 희진의 흔적을 찾아다니며 대신 속죄하고, 그 고통을 자기 것으로 받아들였다. 외손자를 포함한 가해 학생들은 물론 그들의 부모와 학교 당국도 고발하였다. 그런 연후에 그녀는 시상을 찾게 되었다. 아니, 강사의 말대로 시상이 다가온 것인지도 모른다. 고통스러운 과정을 거친 후, 그녀는 「아네스의 노래」[68]라는 시를 쓸 수 있었다.

일몰과 여인

---

[68]　이창동 감독의 자작시이다.

그곳은 어떤가요 얼마나 적막하나요 /

저녁이면 여전히 노을이 지고 /

숲으로 가는 새들의 노랫소리 들리나요 /

차마 부치지 못한 편지 /

당신이 받아 볼 수 있나요 /

하지 못한 고백 전할 수 있나요 /

…(후략)

이후 미자가 어디로 갔는지, 어떻게 되었는지 영화는 말하지 않는다. 카메라는 희진이 몸을 던진 강의 다리와 그 밑을 흐르는 검푸른 강물을 비쳐줄 따름이다. 세차게 흐르는 강물 소리는 마치 병든 모든 이들의 영혼을 일깨우고, 고단한 이들의 삶을 위로하는 소리처럼 들린다.

이 영화는 제47회 대종상영화제(2010년)에서 최우수 작품상, 여우주연상(윤정희) 등 4개 부문, 그리고 제63회 칸영화제에서 각본상을 수상했다. 이창동 감독은 밀양 여중생 집단 성폭행 사건(2004년)에서 영감을 받았다고 한다. 영화에서는 단 한 곡의 음악도 사용되지 않았다. 일상의 소리와 자연의 소리로만 채워져 생생한 현실 세계를 표현하고 있다. 주연 배우 윤정희 씨가 실제로 알츠하이머를 10년간 앓아왔다고 남편인 백건우 씨가 밝혔다.

노인을 위한 나라는 없다

(No Country For Old Man, 감독: 에단 & 조엘 코엔, 2007, 미국) ⑱

할아버지와 아버지의 뒤를 이어 25세 나이에 보안관이 되었던 에드(토미 리 존스 분)는 평생 큰 자부심을 갖고 일해왔다. 하지만 은퇴를 앞둔 시점에 무자비한 살인 사건이 다반사로 벌어지는 현실을 보고는 무기력증에 빠진다.

> "요즘 범죄는 딱히 동기도 없다. …
> 열네 살 소녀를 죽인 범죄자가
> 출옥하면 또 죽이고 지옥 가겠다고
> 씹어뱉듯 말했다."
> "옛날 이름 날리던 보안관들이라면
> 이 시대를 어떻게 꾸릴까?"

1980년, 미국 텍사스주의 황량한 들판에서 사냥을 하던 르웰린(조슈 브롤린 분)은 사냥감을 쫓다가 살육 현장에 발을 내딛게 된다. 갱단 간에 총격전이 벌어졌던 현장이다. 총상을 입은 시신들이 곳곳에 흩어져 있고, 트럭에는 마약 꾸러미가 가득 실려 있다. 그는 큰돈이 든 가방을 발견하여 집으로 가져간다.

그가 떠난 직후, 살인 혐의로 보안관에게 체포되었다가 탈출한 안톤(하비에르 바르뎀 분)도 현장을 찾는다. 그는 돈 가방을 추적할 수 있는 수신기를 발견한다. 돈 가방을 분실한 갱단 역시 추적 팀을 꾸리고, 이들에게 고용된 살인청부업자도 나선다. 사건 현장을 방문한 보안관 에드는 현장에서 발견된 총의 종류와 탄피 규격, 마약의 산지까지 척척 알아낸다. 오랜 경험에서 얻어진 노련함이 돋보이지만 범인 추격에는 항상 한발 늦다.

돈 가방을 가진 르웰린, 그를 추적하는 안톤, 가방을 분실한 갱단과 살인청부업자, 그리고 이들을 쫓는 보안관들, 그들 간에 추격전이 벌어진다. 돈 가방에 심어진 신호 발신기의 신호를 쫓아 안톤이 르웰린의 집을 찾지만 이미 한발 늦었다. 베트남전 참전 용사였던 르웰린도 만만찮은 상대이다. 쫓고 쫓기는 그들의 추격전은 미국에서 멕시코로, 다시 미국으로 이어진다. 꼬리를 문 추격전에서 르웰린과 안톤, 갱 단원들, 그리고 살인청부업자 모두는 서로가 서로에게 총을 겨눈다. 그 과정에서 대부분은 살아남지 못한다.

그들 중 안톤은 특이한 존재다. 그는 마치 주어진 임무를 성실히 처리하듯 살인을 한다. 살인의 동기는 돈인 경우가 많지만 특별한 이유가 없는 경우도 많아, 그를 '절대악(絶對惡)'[69]이라고 부를 만하다. 갱단의 일원이었으나 조직에서 이탈해 독자적으로 활동하는 그는 동전을 던져 상대방에게 어느 면이 나올지를 맞춰보라 하고는 틀릴 경우 가차 없이 목숨을 빼앗는 게임을 즐긴

---

69 어떠한 경우에도 변함없이 악함, 또는 그런 악(惡)

다. 우연에 의해 삶과 죽음이 결정되는 것이다. 살인할 때 그는 총 대신 고압 산소통의 압력을 이용한다. 긴 머리에 빙그레 웃는 그의 모습은 흡사 악마와 같은 형상이어서 보기에 소름이 끼친다.

르웰린이 신호 추적기를 발견하여 제거한 탓에 돈 가방 추적에 실패한 안톤이 그의 아내를 찾아가 선심을 베풀듯 동전 던지기를 제의한다. 그녀는 "동전으로 결정 못 해요. 당신이 결정해요"라고 한다. 그는 이제 사람의 생사를 결정하는 지위에 오른 것인가.

르웰린의 아내마저 죽인 그가 운전하던 차가 주택가 사거리를 지나다가 다른 차와 충돌한다. 그도 우연의 교통사고를 벗어나지 못한 것이다. 차에서 겨우 빠져나온 그의 팔뼈가 바깥으로 삐죽 나왔다. 그는 그곳을 지나던 소년으로부터 산 옷으로 팔을 묶고는 절뚝거리며 유유히 사라진다. 절대악은 죽지 않고 잠시 사라졌다가 '돈과 마약' 냄새를 맡고 다시 부활할 것인가?

피비린내 나는 살육전의 출발점은 '돈'이다. 돈에 미친 자들은 범죄조직만이 아니다. 평범한 용접공인 르웰린이 피 묻은 돈 가방을 탐하지 않았더라면 갱단 간의 총격전으로 끝났을지 모른다. 안톤에 쫓기던 그가 다친 부위를 감싸려고 젊은이들에게 점퍼를 사고자 했다. 젊은이들은 중상자인 그에게 헌 옷을 건네고 거금을 챙겼다. 부상당한 안톤에게 옷을 판 어린 소년들도 돈을 나누는 문제로 서로 다툰다. 돈 받고 사람을 죽이는 살인청부업자까지 등장한다.

아이러니한 것은, 돈 가방 추적에 열을 올리며 살인하던 안톤이 마지막에 가서는 가방의 행방보다 자기가 죽이고자 하는 사람을 찾는 데 더 관심이 있는 듯하다는 점이다. 에드는 "돈과 마약, 그거면 눈에 뵈는 게 없어져요"라며 말하지만, 영화는 폭력과 살인의 동기가 '광기' 그 자체에 있다고 말하는 것 같다.

범죄에 맞서는 공권력은 시종일관 무기력하다. 보안관들은 현장에 항상 늦게 도착하고, 보호해야 할 대상은 여지없이 살해당하고 만다. 지혜롭지만 늙은 보안관인 에드는 범인이 '유령' 같다며 쉽게 체념하고, 과거의 영화롭던 시절의 선배들을 회상한다. 젊은 보안관은 경험 부족으로 갈피를 잡지 못한다. 에드는 선배 보안관을 찾아 "예전에는 나이를 먹으면 하느님께서 살펴주시겠지 싶었어요"라며 푸념을 늘어놓는다.

은퇴를 한 에드가 아내에게 "이제 집안일이나 도울까?" 하자, 아내는 사양한다고 한다. 이제 그가 할 수 있는 일은 무엇인가. 그는 아내에게 꿈 이야기를 한다.

"꿈에 추운 밤 말을 타고
눈 내린 좁은 오솔길을 달렸지.
아버지가 말을 타고 날 앞질러 가시는데
횃불 드신 걸 봤지.
먼저 가셔서 어둡고 추운 곳에
불을 밝히고 계실 거란 걸 알았어.

내가 도착하면 날 맞이하시려고…."

삭막하게 변해가는 세상에서 그가 의지할 수 있는 유일한 존
재는 과거에는 하느님, 이제는 돌아가신 아버지뿐인가? 범인을
쫓다가 무기력하게 놓쳐버린 후 퇴직한 그이지만, 그래도 같은
길을 먼저 걸었던 아버지만큼은 자기를 따뜻하게 맞아주실 것으
로 기대한 것일까.

에드는 노련한 경험, 오랜 경륜과 지혜를 갖춘 기성세대를 상
징한다. 그러나 그 세대는 안톤과 같이 새롭게 등장하는, 비이성
적이고 예측 불허의 절대악을 제어할 능력이 없다. 그래서 에드
는 은퇴할 수밖에 없었을지 모른다. 시대가 크게 변한 것이다.

어부와 마천루

이 영화의 시대적 배경은 1980년인데, 그해 미국의 살인 범죄율은 10만 명당 10.2건으로 미국 역사상 최악이었다고 한다. 당시는 미국이 월남전에서 패망한 직후여서 미국 사회 전체가 패배감에 젖어 있었고, 불안감이 극도로 팽배했던 시기였기도 하다. 이 영화는 제80회 아카데미영화제에서 작품상, 감독상 등 4개 부문에서 수상했고, 냉혈한 살인마로 출연한 하비에르 바르뎀이 남우조연상을 수상했다.

— 존 웨인과 서부영화에 바치는 만가(輓歌)[70] —

최후의 총잡이

(마지막 총잡이, **The Shootist**, 감독: 돈 시겔, 1976, 미국) ⑮

새로운 세기가 막 시작된 1901년 1월, 미국 네바다주 카슨시에 초췌한 모습의 한 노년 총잡이가 말을 타고 나타난다. 세간에 '현존하는 가장 유명한 총잡이'로 소문난 존 버나드 북스(존 웨인 분)이다. 그날 신문에는 영국 빅토리아 여왕의 서거 소식이 실려 있다. 신문 기사를 읽은 그는 여왕을 회고한다.

'품위와 자부심을 절대 잃지 않고,

---

70 상여를 메고 갈 때 부르는 노래로, 죽은 사람을 애도하며 부른다.

자존심을 갖고 멋지게 퇴장했다.'

몸 상태가 좋지 않아 병원을 찾은 북스에게 의사는 위암이라 진단한다. "잘해야 두 달이니 가장 하고픈 일을 하라"라고 말한 의사는 치료 방법이 없다며 진통제를 건넨다. 본드 로저스(로렌 바콜 분) 부인 집에 하숙을 정한 그는 거짓 이름을 댄다. 하지만 그의 말안장에 새겨진 이름을 본 그 집 아들 길롬(론 하워드 분)이 놀라워하며 엄마에게 이를 알린다.

하숙집 여주인 본드는 시끄러워지는 것이 싫다며 집에서 나가 줄 것을 요구한다. 신고를 받고 달려온 보안관도 복수를 노리는 총잡이들이 마을에 몰려올 것이 우려된다며 떠날 것을 종용한다. 하지만 북스가 자기 병세를 알리며 "난 바로 이 방에서 죽을 겁니다"라고 하자, 보안관이 그에게 "자네 좋은 시절은 갔다" 말한다.

"북스, 지금은 1901년이야.
수도 시설과 전화, 전기가 생겼어.
내년이면 전차도 다니게 될 것이고,
자네 같은 사람들을 제거하고 나면
여긴 에덴동산이 될 걸세."

짙은 병색에도 의연한 자세를 유지하며 신사적 행동을 하는 북스에게 이끌린 본드는 그의 간절한 데이트 요청에 응한다. 북스는 그녀에게 "난 무고한 사람을 죽인 적은 한 번도 없소" 하며 자신을 해명한다. 그가 본드의 아들 길롬에게 총 쏘는 방법을 자상하게 지도하는데 부자관계 같은 훈훈한 분위기가 느껴진다. 결혼한 적이 없는 그는 하숙집에서 가정의 따뜻함을 느낀 듯하다.

그가 카슨시에 머물고 있다는 것이 알려지자 지역 신문기자가 달려온다. 기자가 그에 대한 기사를 연재하고 싶다며 "선천적으로 피에 굶주려 있는가? 사람을 죽인 후 그것에 대해 깊이 생각하는가?" 따위의 질문을 퍼붓자, 북스는 크게 화를 내며 쫓아버린다.

마을 도박장의 총잡이는 그가 죽어간다는 소문을 듣고는 "안타깝군. 맞짱 한번 뜨고 싶었는데"라며 비웃는다. 그의 애마를 탐내는 자는 헐값에 말을 사려 하고, 장의사도 잘해주겠다며 접근한다. 어느 날, 옛 연인이 찾아와 뜬금없이 결혼하자고 한다. 그녀는 그가 죽은 뒤 북스 부인의 이름으로 『J. B. 북스의 생애와 피로 얼룩진 삶』이란 책을 내겠다고 한다.

그녀 배후에 지난번에 내쫓은 지역 신문기자가 있다는 것을 알게 된 북스는 "어떻게 그 기자가 내 삶에 대해 알겠느냐?"라며 반문한다. 그러자 여인이 "모르는 부분은 지어내면 된다고 했다" 하는 게 아닌가. 북스는 탄식하며 "내가 당신 같은 여자를 사랑했다니" 하고는 그녀를 내쫓는다.

"아직 나에게 자존심은 남아 있어.
난 거짓으로 기억되고 싶지 않아."

북스는 자신은 결코 삶의 마지막을 평온하게 누릴 수 없는 운명이란 것을 깨달은 듯하다. 앞에서 언급한 바와 같이, 빅토리아 여왕처럼 품위와 자부심, 그리고 자존심을 갖고 퇴장해야 하는 시점이 온 것을 직감한 것이다.

일주일째 되는 날, 북스는 결심을 한 듯 길롬에게 세 명의 총잡이에게 초대의 뜻을 전해달라고 부탁한다. 그들은 자기에게 '멍청한 늙은이'라고 모욕을 준 자, 자기와 맞장을 뜨고 싶다고 한 자, 그리고 자기에게 원한을 가진 자이다. 북스가 길롬에게 '자기 나름대로의 규칙'을 말한 적 있다.

> "난 부당한 대우를 받지도,
> 이유 없이 모욕도 당하지 않겠다.
> 다른 사람들에게 이런 일을 행하지 않고,
> 그들에게도 똑같은 대우를 요구한다."

약속한 날 아침, 그는 말쑥한 정장을 갖춰 입고 집을 나선다. 수중에 남은 돈과 귀중한 물품은 모두 본드에게 남긴다. 약속한 바(bar)에 도착한 북스는 오늘은 자기 생일이라며 비싼 위스키를 시킨다. 네 남자 간에 팽팽한 긴장감이 이어지다가, 순식간에 불뿜는 총격전이 벌어진다. 북스는 왕년의 날랜 솜씨로 세 남자를 쓰러뜨리지만, 그도 어깨에 총상을 입는다. 그때 바의 주인이 북스의 등을 쏘고, 북스는 쓰러진다. '진정한 서부의 사나이는 상대의 등 뒤에서 총질을 하지 않는다'라는 원칙을 지켜온 북스의 등을 쏜 것이다.

밖에서 이를 지켜보던 길롬이 바에 뛰어들어 북스의 총을 잡아 바 주인을 쏜다. 사람을 상대로 처음 총을 쏜 그가 총을 멀리 던져버린다. 새로운 세대에 의해 서부 시대가 끝난 것이다. 총소리에 놀란 마을 주민들이 몰려든다. 길롬은 울먹이며 상의를 벗어 북스를 덮어주고는, 멀리서 지켜보고 있던 엄마와 함께 사라진다.

'현존하는 가장 유명한 총잡이'라 불리던 존 버나드 북스는 먼지와 티끌이 자욱한 서부 시대의 끝자락에서 사라졌다.

미국 배우 존 웨인

미국 모뉴먼트 밸리

극중 시대 배경인 1900년대 초는 영국 빅토리아 시대[71]의 종

---

71 1837~1901년까지 영국을 통치한 빅토리아 여왕은 제국주의 정책에 의한 식민지 통치의 황금시대를 이룩하여, 당시 영국은 세계적 대제국으로 명성을 떨쳤다(출처: 네이버 지식백과).

말을 고하던 시기로, 아메리카 신대륙의 서부에서 총잡이들의 전성기가 저물어가던 때이기도 하다. 또한 이 영화가 제작된 1970년대 후반은 할리우드에서 큰 인기를 구가하던 서부영화가 급속도로 쇠퇴하던 시기였다.

이 영화는 서부영화의 영원한 우상이자 할리우드 역사상 가장 미국적인 배우라는 평가를 받던 존 웨인(1907~1979)의 마지막 출연작이다. 그런 만큼 이 작품은 서부극에 대한 고별 인사로 인식되고 있고, 배우로서의 그의 일생에 대한 경의를 표하고 있다. 존 웨인은 이 영화를 촬영한 3년 뒤인 1979년에 영화 속 주인공처럼 위암으로 세상을 떴다.

그 강을 건너다

〈바라나시〉
〈씨 인사이드〉
〈축제〉

— 이승의 업을 씻고 해탈하는 곳 —

바라나시

(**Hotel Salvation**, 감독: 슈브하시슈 부티아니, 2017, 인도) 전체

바라나시는 인도 우타르프라데시주에 위치한, 옛날 카시 왕국의 수도이자 힌두교의 최대 성지이다. 이 지역을 흐르는 갠지스 강은 힌두교도에게 성스러운 젖줄로, 강물에 몸을 담그고 그 물을 마시는 신도들로 늘 붐빈다. 강변 가트[72]에는 장작으로 시신을 화장하는 모습도 볼 수 있다.

---

[72] 시가지에서 갠지스 강으로 연결된 계단으로, 갠지스 강 서쪽 6㎞에 걸쳐 84개의 가트가 있다고 한다. 가트에서 힌두교도들은 전생과 이생에서 쌓은 죄가 씻기길 바라며 갠지스 강에 몸을 담그는 의식을 치르는 한편, 일부 가트는 화장터로 쓰이며 시신을 태운다 (출처: 김종혁, 매일신문).

인도인들은 누구나 일생에 한번 바라나시를 방문하고, 그곳에서 죽음을 맞기를 소망한다고 한다. 바라나시에서 숨을 거두면 과거의 업을 모두 씻을 수 있고, 번뇌로 가득 찬 이 세상에 두 번 다시 태어나지 않는다고 믿기 때문이다. 매년 100만 명이 넘는 순례자들이 방문한다. 한편 이 도시는 시크교, 자이나교, 불교에서도 성지로 꼽고 있으며, 싯다르타가 처음으로 설법을 한 장소이기도 하다.

77세인 다야(라리트 벨 분)는 어느 날 "갈 때가 된 것 같으니 더 늦기 전에 죽을 준비를 해야지"라며 바라나시로 가겠다고 가족들에게 선언한다. 가족들이 "해탈은 어디서든 가능해요. 신념이 문제지"라며 만류해도 고집을 꺾지 않는다. 떠나기 전에 그는 가까운 친지들을 불러 만찬을 하고 소에게 공양도 한다. 죽음을 맞으러 길을 떠나는 아버지를 혼자 보낼 수 없다며 아들 라지브(아딜 후세인 분)가 마지못해 동행한다.

부자는 바라나시에서 죽음을 준비하는 사람들이 묵는, 갠지스 강가에 위치한 샐베이션(Salvation: 구원) 호텔에 숙소를 정한다. 말이 호텔이지 시설은 열악하고, 낡아서 음산한 분위기마저 감돈다. 투숙객들은 죽음을 맞으려는 노인들이다. 식사와 청소는 스스로 해결해야 하고, 의료기구나 시설도 전혀 없다. 귀신이 나올 것 같다는 라지브에게 호텔 지배인은 진지하게 말한다.

"혼은 육신에 머물다가 육신을 떠나면
생과 사의 순환에서 자유로워지는데
여기에 왜 머물겠습니까?"

바라나시에서 부자의 생
활은 크게 상반된다. 다야
는 바라나시 골목을 누비
고 다른 투숙객들과 어울
려 찬가를 부르며, 갠지스
강물에 몸을 적신다. 기도
와 명상을 하고, 배를 타고
일몰을 즐기며 글을 쓰기

영화 〈바라나시〉 스틸 컷

도 한다. 반면 아들은 오로지 일 생각으로 끊임없이 전화를 주고
받고, 고객을 놓쳤다며 아버지를 원망한다.

그러나 함께하는 시간이 길어지면서 부자는 식사 준비와 산책
을 같이하고, 가정사와 자녀 교육에 관한 대화를 나누면서 서로
에 대해 깊이 이해하게 된다. 호텔에는 남편과 사별한 후 18년
동안 죽음을 기다리는 여인이 있다. 다야는 그녀와 함께 쇼핑을
하고, TV 드라마를 보며 친해진다. 그녀는 죽을 날을 언급하는
다야에게 말한다.

"노력해도 안 죽어요. 죽음은 때가 되면 와요."

다야는 회사 일을 걱정하는 아들에게 "코끼리도 때가 되면 다 버리고 혼자 죽는다"라며 집으로 돌아가라고 한다. 헤어지기 전, 부자는 그동안 바라나시에서의 교감을 통해 평소의 응어리가 해소된 듯, 진솔한 대화를 나누며 서로에게 용서를 구한다.

"넌 어릴 때부터 시를 잘 썼는데
내가 제대로 키워주질 못했다.
용서해라, 아들아."
"제가 잘못했어요."
"세월이 다 흐르고 나서야
네가 정말 내 아들로 느껴지는 것 같다."
"전 안 가요. 집에 함께 가요. 아버지."
"난 코끼리다. 이제 날 놓아줘."

집으로 돌아온 뒤 얼마 후, 아버지의 사망 소식을 들은 라지브는 바라나시로 돌아와 장례를 치른다. 화장하러 갠지스 강 가트를 향해 운구하는 행렬의 맨 앞에 선 그의 눈에는 이슬이 맺힌다. 다야는 가족에게 편지를 남겼다.

'마음 가는 대로 행하라.

마음이 있는 곳이 진실, 나머지는 허상.

마음에 귀 기울이고 마음이 있는 곳을 찾아라.

마음의 길로 자신을 인도하라.

그래야 마지막이 편할지니.'

갠지스 강가에서 거행되는 장례식은 숙연함을, 일몰 후 펼쳐
지는 의식인 '아르띠 뿌자'[73]는 장엄함을 느끼게 한다. 밤에 갠지
스 강으로 꽃불인 '디아'를 띄워 보내는 광경 또한 장관이다. 삶
과 죽음, 생명과 영혼이 공존하는 공간이자 시간이다.

바라나시 시내의 골목들 또한 인상 깊다. 미로처럼 얽힌 골목
사이로 알록달록한 색감의 공예품, 장신구, 그리고 비단과 과일
가게들을 볼 수 있다. 사람과 자동차, 그리고 수레 등이 얽혀 어
수선한 거리 풍경 역시 바라나시가 아니면 볼 수 없는 것들이다.

'바라나시를 보지 않았다면 인도를 본 것이 아니고, 바라나시
를 봤다면 인도를 모두 본 것이다'라고 사람들은 말한다. 미국의
대문호 마크 트웨인은 '역사보다, 전통보다, 전설보다 오래된 도
시'라고 했다 한다.

죽음을 준비하는 다야의 행보는 우리에게 큰 울림을 준다. 담

---

[73] 일몰 후 지내는 힌두교식 제사 의식

담히 주변을 정리하고, 사랑하는 사람들과 미리 이별 인사를 나누고, 영혼의 안식처를 스스로 찾아간다. 영화는 죽음은 삶의 한 과정이며, 육체의 구속에서 벗어나 자유를 얻는 것이라고 말하고 있다. 바라나시에서의 죽음으로 과연 이승에서 쌓은 모든 업을 씻고 윤회의 사슬에서 벗어날 수 있을지는 알 수 없다. 하지만 그러한 마음가짐이 '해탈'의 경지에 이르도록 하는 것이 아닐까. 그런 과정을 통해서 자신의 마지막 삶을 성찰할 수 있다.

― 삶은 의무인가? 권리인가? ―
씨 인사이드

(Sea Inside, 감독: 알레한드로 아메나바르, 2004, 스페인) ⑮

스페인의 북쪽 갈리시아 지방에 살고 있는 라몬 삼페드로(하비에르 바르뎀 분)는 다이빙을 하다 척수를 다쳐 목 아래는 움직일 수 없는 전신마비가 되었다. 그는 사고 이후 26년간 형 가족에 의지하여 침대에 누워 지내왔다. 말로 의사를 표현하고, 입에 문 막대기로 컴퓨터 자판을 눌러 겨우 글을 쓸 수 있을 뿐이다. 사고 이전에는 선원으로 세계를 누비던 그이다.

"이런 삶은 가치가 없다"라며 정부를 상대로 합법적인 안락사 [74]를 허가해줄 것을 요구하지만, 그의 바람은 받아들여지지 않는다. 그의 형과 아버지도 안락사를 적극 반대한다. 라몬은 '죽음도 결국은 삶의 한 부분'이라며 외친다.

> ### *"삶은 의무가 아니고 권리이며,*
> ### *자유가 없는 삶은 삶이 아니다."*

그를 이해하고 돕는 세 여인이 있다. 어머니에 이어 그를 정성으로 돌보는 형수는 안락사에 관한 그의 의견을 존중한다. 그의 소송을 돕는 여성 변호사 훌리아(벨렌 루에다 분)는 퇴행성 질환을 앓고 있어 조만간 식물인간이 될지도 모르는 처지다. 그런 만큼 라몬의 아픔에 공감한다. 소송 준비와 그가 틈틈이 써 모은 글의 출판을 준비하며 사랑의 감정을 느낀 두 사람은 책이 출간되는 날 안락사로 함께 세상을 떠나자고 약속한다. 그러나 책이 출판된 후에 그녀가 나타나지 않자 라몬은 절망한다. 훗날 그녀는 치매에 걸려 라몬이 누구인지 기억하지 못한다.

그가 사는 마을 근처에 거주하는 로사(롤라 두에냐스 분)는 '삶은 가치 있다'라며 죽음 대신 삶을 선택하라고 그를 설득하려 한다.

---

74 회복의 가망이 없는 중환자의 고통을 덜어주기 위하여 인위적으로 생명을 단축시켜 사망케 하는 의료 행위(네이버 지식백과). 우리나라에서는 적극적인 행위를 통하여 생명을 인위적으로 단축시키는 적극적 안락사를 시행한 의사에게는 환자의 자의적 요구가 있었더라도 형법에 따라 촉탁살인죄 또는 승낙살인죄가 적용된다. 만약 환자의 요구가 없었을 때는 살인죄가 성립된다.

그녀는 만남이 지속될수록 그를 통해 오히려 자신이 삶의 의욕
을 되찾고 있다는 것을 깨달으면서 그에게 빠져든다. 그 외에도
심리치료사와 시민단체가 그를 돕는다.

어느 날 휠체어를 탄 신부가 라몬을 찾아온다. 그는 방송 인
터뷰에서 "라몬이 바라는 건 사회와 우리 모두의 관심이 아닐까
요?"라고 말한 적이 있다. 이 발언으로 라몬을 힘들게 돌보고 있
는 가족들은 크게 분노한 적이 있다. 신부와 라몬은 '삶과 자유'
에 대해 논쟁을 하지만 평행선을 달린다.

(신부)
"우린 영원 속에 존재하기 때문에
삶은 우리의 소유가 아닙니다."

(라몬)
"자신의 신념을 선택하고
자신의 삶을 결정할 자유가 필요합니다."

(신부)
"삶을 배제한 자유는 자유가 아니요."

(라몬)
"자유를 배제한 삶도 삶이 아니요."

라몬은 합법적인 안락사를 허용해줄 것을 다시 법원에 제소하
고, 힘들게 법정에 출두한다. 법정심리 절차에서 변호인이 변론
한다.

"이 나라는 개인이 품위를 유지하고
고통받지 않을 권리를
헌법으로 보장하고 있습니다. …
자살했거나 시도했다고 처벌받지는 않습니다. …
종교적으로 중립이라고 주장하는 정부가
매우 종교적인 이유로 안락사를 반대하는 겁니다."

그러나 재판부는 그의 요청을 기각하면서 법정 절차에 어긋난다며 라몬에게 발언권조차 주지 않는다. 국민 대다수가 가톨릭 신자인 스페인 당국은 안락사에 대해 엄격히 법을 해석한다.[75]

법적 절차를 포기한 라몬은 자신을 이해하는 로사의 도움으로 집을 떠나 해변에 방을 마련한 다음, 친구들과 샴페인 잔을 들고 이별 파티를 한다. 로사에게 "고맙고 사랑한다"라는 말을 남긴 그는 침대에 누워 청산가리가 든 물 컵을 손에 든다. 그리고 비디오 녹화를 통해 자신의 안락사 요구를 거부한 관계자들에게 마지막 말을 남긴다.

"판사님들. 정치, 종교 당국자 여러분.
당신들에게 존엄은 어떤 의미를 뜻합니까?
전 적어도 존엄성을 가지고 죽고 싶었습니다.

---

75 여론조사에 의하면 67%의 스페인 사람들이 안락사를 찬성한다고 한다(영화 내용 중).

오늘 제도상의 나태함에 지친 저는

부득이 죄인처럼 숨어서 죽으려 합니다.

저를 도운 제 친구들은 단지 손을 제공했을 뿐입니다.

그들을 처벌하려면 그들의 손만 자르십시오.

모든 것은 저의 머리, 즉 양심에서 나온 것입니다."

〈씨 인사이드〉는 28년간 전신마비 환자로 살아온 라몬 삼페드로가 정부에 합법적인 안락사를 요구한 실화를 바탕으로 한 영화다. 그는 스페인 법원과 유럽 인권위원회에 진정서를 내어 안락사를 요구했다. 요구가 받아들여지지 않자, 그는 1998년 1월 청산가리를 탄 물로 스스로 목숨을 끊었다. 이를 준비하고 실행하는 과정에서 여러 사람들이 필요한 요소와 행동들을 나눠 하도록 하여, 도와준 사람 누구도 자살방조로 기소되지 않도록 했다고 한다.

이 영화는 안락사의 허용 여부에 대한 치열한 논쟁을 제기한다. 가족들, 법원과 의회로 대표되는 국가조직, 종교인 등의 견해가 서로 다르다. 삶과 죽음은 인간의 의무가 아니라 기본적 권리라고 믿는 라몬이 옳은지, 또는 사람은 죽음을 스스로 선택할 권리가 있는지에 대해서는 각자의 생각이 다를 수 있다. 라몬은 '당신 주장이 옳을지 모르지만, 내 주장도 존중해달라' 한다. 그가 진정으로 원한 것은 죽음이 아니라, 역설적으로 '존엄한 삶'이다.

오늘날에도 안락사의 법적 허용 여부 및 허용 기준이 나라마다 다르다.[76] 이 영화는 제77회 아카데미영화제와 같은 해 골든 글로브 시상식에서 외국어 영화상을 수상했다.

이 작품과 연관되는 두 편의 영화를 소개한다.

〈밀리언 달러 베이비〉(감독: 클린트 이스트우드, 미국, 2005년) 역시 안락사 문제를 다루고 있다. 경기 중 부상으로 목 아래가 마비된 여자 복싱 선수(힐러리 스웽크 분)가 자살을 시도하다 실패한다. 그 후유증으로 인공호흡기에 의존해 연명하는 그녀는 안락사를 시켜달라고 거듭 요청하지만, 의사는 계속 진정제를 놓고, 신부도 절대 만류한다. 그녀를 선수로 키워줬고, 가장 잘 이해하는 매니저(클린트 이스트우드 분)는 고심 끝에 '나의 소중한 혈육'이라 부르고는 인공호흡기를 제거한다.

영화 〈잠수종과 나비〉(감독: 줄리안 슈나벨, 프랑스, 2007년)는 심각한 장애에도 불구하고 살아야 할 이유를 말하고 있다. 전신마비에 한쪽 눈만 성한 주인공이 15개월 동안 20만 번의 눈 깜박임으로 한 권의 책을 완성한다. 강인한 의지를 가진 한 인간의 위대함을 그린 영화이다. 그 역시 처음에는 절망한 나머지 의사에게 자신의 생명을 끊게 해달라고 요청했다 한다.

---

76 오늘날 안락사를 허용하는 국가는 스위스, 네덜란드, 벨기에, 그리고 미국의 몇 개 주 등이 있다. 이들 국가는 안락사를 법적으로 허용하되, 그 전제 조건을 매우 엄격하게 규정하고 있다.

축제

(祝祭, 감독: 임권택, 1996, 한국) ⑫

서울에 사는 유명 작가 이준섭(안성기 분)은 87세의 노모가 돌아가셨다는 전화를 받고는, 은행에서 돈을 찾고 학교에서 딸을 데려와 고향으로 향한다. 그는 둘째이지만 형이 별세한 관계로 만상제[77] 역할을 해야 한다. 5년간 치매를 앓은 노모는 친정엘 간다며 노란 저고리와 붉은 치마를 차려 입고 수시로 집을 나가는 바람에 함께 살던 며느리와 마을 사람들을 힘들게 하였다.

고향집에는 전화 벨소리가 연신 울리는 가운데 망자의 맏딸이 큰 소리로 울며 집에 들어선다. 유난히 붉은 입술에 선글라스 차림의 젊은 여인이 나타나자 상갓집에 긴장감이 감돈다. 그녀는 13년 전에 돈을 훔쳐 가출한 용순(오정해 분)이다. 그녀는 준섭의 형이 바깥에서 낳아 데려온, 그의 이복조카이다. 이복 언니가 그녀에게 "도둑년, 재수 없는 년. 나가라" 한다. 용순은 "이 집에서 10년간 식모로 지냈어. 일한 대가로 돈을 좀 가져다 썼을 뿐이다"라며, "할머니만이 나를 보듬어주었어" 하고는 눈물을 흘린

---

[77] 부모가 세상을 떠나서 거상 중에 있는 사람을 상제(喪制)라 하는데, 그중 주(主)가 되는 상제를 만상제 또는 상주(喪主)라 한다. 대개 장자가 된다.

다. 그녀는 제사상에 코냑과 초콜릿, 건포도를 올린다.

장례 절차는 망자의 인중에 솜 따위를 놓아 숨 쉬는지 여부를 알아보는 속굉(屬肱)으로 시작된다. 임종이 확인되면 고인의 옷을 들고 지붕에 올라가 하늘에 고하는 초혼(招魂)을 한다. 사자상(使者床, 또는 저승사자상)을 집 문 앞에 차리고, 호상(護喪)을 정한 후, 부고(訃告)를 작성하여 돌린다. 시신을 묶어 한지로 싸는 수시(收屍)와 발상(發喪), 그리고 저승의 호적초본이라는 명정(銘旌) 작성으로 이어진다.

용순은 준섭에게 출세했으면서도 어머니를 모시지 않았다고 비난하지만, 그는 아무런 대꾸를 하지 않는다. 예전에 그녀는 준섭에게 장사 밑천을 빌려줄 것을 요청했다가 거절당한 적 있다. 서울에서 단체로 온 문상객들이 상갓집에 들르지도 않은 채 바다로 낚시하러 간다. 그들 중 누군가가 "87살에 돌아갔으니 호상 아니냐. 이 친구 한 짐 덜었어"라고 한다.

다음 날, 수의(壽衣)를 입히는 염습(殮襲)과 망자의 입에 쌀 세 순갈을 넣으며 "백석이요, 천석이요, 만석이요" 하는 반함(飯含), 그리고 입관(入棺)을 거행한다. 입관할 때 망자가 저승에 갈 때 쓸 노잣돈, 후손의 복을 비는 부적, 그리고 고인의 비녀 등을 함께 넣는다. 이러한 절차를 마친 후 고인의 가족들이 삼베로 된 상복을 입는데, 용순은 화려해 보이는 상복을 따로 준비해 왔다. 빈소를 설치(영좌: 靈座)하고 상제들이 처음으로 제사(성복제: 成服祭)를 올린다. 지관(地官)이 도착하여 묘소의 향(向)과 혈(血)을 유족과 의논한다.

음식을 준비하는 여인들 중 서울 동서와 시골 동서 간에 미묘한 신경전이 벌어지고, 서울 동서에게 자식의 취직을 부탁하는 여자도 있다. 저녁이 되어 마을 사람들, 서울 문상객들, 준섭의 친구들이 한꺼번에 몰려들어 마을길은 사람과 차량으로 북새통을 이룬다. 밤이 되어 화톳불을 밝힌 마당에는 질펀한 술판과 노름판이 벌어진다. 화투와 윷놀이 끝에 멱살잡이하고, 술 취해 비틀거리는 사람들이 늘어난다.

초경(初更)[78]이 되자 소리꾼의 소리가 시작된다. 삼경(三更)으로 넘어가면서 소리꾼의 구성진 선창에 문상객들이 따라 하는데, 술 취한 자들의 소리가 점차 "화무는 십일홍이요. … 얼씨구절씨구 차차차" 하는 노래판으로 바뀌는 아수라장이 펼쳐진다. 한바탕 '축제' 분위기 같다. 준섭은 막 출간된 자신의 동화책『할미꽃은 봄을 세는 술래란다』를 어머니 빈소에 바친다.

난장판 같은 긴 밤이 끝나고 발인의 날이 밝았다. 도박과 술자리로 늦잠을 잔 상두꾼들이 허둥지둥 도착한 가운데 발인제(發靷祭)가 진행되고, 관 이송(천구: 遷柩)과 노제(路祭)가 진행된다. 상여 새끼줄에 노잣돈이 꽂히면서 꽃상여가 움직이기 시작한다. 만장(輓章)이 펄럭이는 가운데 소리꾼의 소리에 따라 상제들은 곡을 하면서 상여 뒤를 따른다. 소리꾼의 구성진 만가(輓歌)가 고인이 평생 살아온 마을, 산과 들에 울려 퍼진다.

---

78 하룻밤 시각은 다섯으로 나눌 수 있는데 초경은 오후 7시에서 9시, 삼경은 오후 11시에서 오전 1시이다.

"친구 벗님 많다 한들 어느 친구 대신 갈까.

일가친척 많다 한들 어느 누구 동행할까.

산천초목은 젊어가고 우리네 인생은 늙어만 가네.

이팔청춘 소년들아 백발 보고서 웃질 마라.

나도 어제 청춘인데 오늘날에 이리 됐네.

팔십 평생 꽃 세월이 바람처럼 흘러간다.

바람 되고 거름 되고 눈비 되어 나는 간다."

마지막 길

장지에 도착하여 하관(下官)과 실토(實土)를 마친 후, 영정 사진
을 앞세운 상제들이 집으로 돌아온다(반혼: 返魂). 첫 제사인 초우

제(初虞祭)를 지낸 상제들과 가족들이 한자리에 모여 기념 촬영을 하려는데 용순이 보이지 않는다.

그녀는 장례식 내내 집안과 삼촌 준섭에 대한 원망을 쏟아내다가, 준섭이 펴낸 동화책을 읽고는 마을 뒷산에서 생각에 잠겨 있다. 그 책에는 어머니를 향한 준섭의 그리움과 잘 모시지 못했다며 용서를 비는 마음이 오롯이 담겨 있다. 용순은 책을 통하여 가족의 의미를 생각하고, 준섭에 대한 원망도 사라진 것일까. 준섭은 용순을 찾아 가족들 한가운데 앉힌다. 사진을 찍는데 표정이 굳었다며 누군가가 "무슨 초상났냐?" 하자, 모든 가족이 활짝 웃는다. 슬픈 장례식이 가족을 하나로 묶는 '축제의 장'이 된 것이다.

가장 슬프고 엄숙해야 할 장례를 다룬 영화의 제목을 '축제'라고 하니 낯선 느낌이 든다. 이는 장례가 단순히 망자를 보내는 하나의 의례로 끝나는 것이 아니라, 망자와 산 자들 간에 고리를 이어주는 한바탕 '축제' 같은 것이라는 감독의 연출 의도에서 비롯된 것이 아닐까? 고인이 장례라는 의식을 통해 한자리에 모인 후손들과 이웃에게 그동안 응어리진 것을 풀 수 있는 '기회의 장'을 제공하는 의미로 볼 수 있다.

영화평론가 정성일은 영화 〈축제〉는 '죽은 자는 장례식을 통하여 산 자들을 하나로 묶어내고 있다'라며 '이 영화의 주제는 가족이며, 그 결론은 화해이다'라고 말했다. 그런 의미에서 영화에서 준섭과 용순의 화해는 큰 의미를 갖는다. 물론 장례를 치르는 가운데 모처럼 만난 가족과 친지들 간에 골이 더 깊어지는 경우도 있을 것이다. 그러나 가까워지거나 멀어지는 것은 산 자들의 선택의 몫이다.

　준섭이 딸 은지에게 할머니의 나이 듦과 죽음의 의미에 대해 설명하는 데서 윤회론적 사생관을 엿볼 수 있다.

"할머니가 키와 나이, 지혜를
은지에게 나눠주고 나서 딴 세상으로 가는데,
이 세상에서 살면서 착하고 옳은 일을
많이 한 사람의 영혼은 아주 갓난아기가 되어
다시 태어난단다."

영원한 휴식

　이 영화의 원작자인 이청준 작가는 노모의 장례식을 계기로 그동안 쌓였던 갈등을 풀고 화해에 이르는 가족들의 이야기를 그렸다고 밝혔다. 장례식을 소재로 한 영화에 〈학생부군신위〉(學生府君神位, 감독: 박철수, 1996)가 있다. 이 영화에서도 역시 장례식에 모인 다양한 인물들이 여러 가지 사연으로 어우러져 한

바탕 난장판을 이룬다. 장례식이 '죽은 자가 산 자들에게 베푼 기회의 장'이라 할 수 있다면, 장례식장에서 벌이는 산 자들의 난장판 또한 이해되고 용서될 수 있을 것이다.

지금은 사라진 우리의 옛 전통 장례 절차[79]를 구체적으로 보여주는 영화 〈축제〉는 제17회 청룡영화제 시상식에서 최우수 작품상과 감독상을 비롯하여 많은 상을 수상했다.

---

79 이 영화의 촬영지는 전라남도 장흥이다. 〈학생부군신위〉는 경상남도 합천군이 촬영지다.

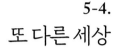

5-4.
또 다른 세상

〈원더풀 라이프〉
〈90 미니츠 인 헤븐〉
〈신과 함께 — 죄와 벌〉

— 천국으로 갈 때 간직하고 싶은 가장 행복했던 기억은? —

원더풀 라이프

(**After Life**, 감독: 고레에다 히로카즈, 1998, 일본) 전체

망자가 천국으로 가기 전 잠시 머무는 중간 역 림보(limbo).[80] 그곳에 도착한 영혼들은 7일간 머물면서, 일생에서 가장 소중했던 기억 하나를 3일 내에 골라야 한다. 그러면 림보 직원들이 그 기억을 영상으로 재현해 시사회를 개최한다. 이를 감상한 영혼들은 그 추억이 선명하게 되살아나는 순간 이를 가슴에 담고 천국으로 떠나, 그 추억 속에서 영원히 살아가게 된다고 한다.

---

80 림보(limbo): ① 구약 시대의 조상들이 예수가 강생하여 세상을 구할 때까지 기다리는 곳. ② 세례를 받지 못하고 죽은 유아의 경우처럼, 원죄 상태로 죽었으나 죄를 지은 적이 없는 사람들이 머무르는 곳(출처: 네이버 국어사전)

월요일 아침, 막 사망한 고객 22명이 삶과 죽음의 경계를 통과해 림보에 들어선다. "당신은 어제 돌아가셨습니다. 명복을 빕니다"라는 인사말로 맞은 림보 직원들은 그들에게 살면서 가장 행복했던 순간을 묻는 면접을 진행하는데, 고객들의 의견이 다양하다.

"엄마의 냄새와 피부 촉감을 잊을 수 없어요."
"오빠가 사준 빨간 드레스를 입고
사람들 앞에서 춤췄을 때가 제일 좋았어요."
"어린 시절 열차를 탔을 때
온몸으로 맞았던 바람이 좋았어요."
"디즈니랜드를 방문해서
친구들과 핫케이크를 먹고 놀았던 순간이에요."
"세스나 비행기를 타고 하늘에서 본,
솜사탕 같았던 구름이 최고였어요."
"남자라면 여자와 그거 할 때가 최고 아니겠어요."

그들 중에는 평생 안 좋은 기억밖에 없어 과거를 되돌아보고 싶지 않다는 중년 남자, 치매를 앓고 있어 대답 없이 뜰에서 나뭇잎과 열매만 주워 모으는 할머니도 있다. 그리고 선택 못 하는 것이 아니라 "선택하지 않겠다"라며 과거가 아닌 '미래의 꿈'을 선택하겠다고 고집하는 청년도 있다.

70세인 와타나베는 살아오며 겪은 학교, 직장, 가정생활 등 모든 과정이 고만고만해서 꼭 집어 선택할 만한 것이 떠오르지 않는다고 한다. 그러자 담당 면접관인 모치즈키(이우라 아라타 분)는 그에게 평생 삶이 담긴 70개의 비디오테이프를 가져다주며 "기억은 기록과 다르니까 참고만 하라" 한다.

와타나베는 오랜 시간 시청 후 아내 교코와 공원 벤치에 앉아 다정하게 얘기를 나누던 장면을 어렵게 선택한다. 그는 "결혼생활은 행복했지만, 뜨겁게 사랑해서 결혼한 것은 아니었다"라고 한다. 와타나베가 고른 영상을 함께 보던 모치즈키는 영상 속 여자를 뚫어지게 바라본다. 모치즈키는 22살이던 1945년 5월에 전쟁 중 사망했다는 것을 와타나베에게 밝힌다.

'미래의 꿈'을 선택하기를 고집하는 청년을 제외하고는 모든 영혼들이 선택을 마쳤다. 림보 직원들은 영혼들이 선택한 기억을 영상으로 재현할 장소와 소품을 준비하고는 촬영에 돌입한다. 흰 눈이 축복하듯이 내리는 날 아침, 시사회를 마친 영혼들은 행복했던 추억을 안고 저세상으로 떠난다. 한 할머니는 자기가 선택한, 꼬마 아가씨가 빨간 드레스를 입고 춤추는 영상을 보며 "내게도 저런 시절이 있었다니" 하며 회상에 젖는다. 영혼들을 무사히 천국으로 보낸 뒤 모치즈키가 방을 정리하던 중 와타나베 씨의 편지를 발견한다.

"당신은 내 아내 교코의 옛 연인이었습니다.
당신의 이름과 기일을 듣고 알았습니다.

아내는 그 기일에 혼자
성묘 갔다는 것을 기억합니다."

봄날 공원의 남녀

편지를 읽은 모치즈키는 5년 전에 죽은 와타나베의 아내가 림보에서 선택했던 영상을 서둘러 찾는다. 그녀가 선택했던 순간은 군복 차림의 청년과 벤치에 앉아 다정히 얘기를 나누는 장면이다. 그 청년은 1945년 전쟁에 출정하기 직전의 모치즈키 본인이다. 그녀는 일생에서 가장 행복을 느낀 대상으로 평생 함께 살아온 남편이 아니라 수십 년 전의 모치즈키를 선택했던 것이다. 교코가 림보에 왔던 그 시점에 모치즈키는 다른 림보에서 근무했던 탓에 그녀를 만나지 못했다. 이를 알게 된 그는 50년 전 죽어 림보에 왔을 때를 회상한다.

"난 그때 행복했던 추억을
필사적으로 찾고 있었어.
그리고 50년이 지나
내가 누군가의 행복이었단 걸 알게 되었어."

모치즈키는 자기가 한 여인의 인생에 가장 행복한 기억을 남겨졌다는 것을 깨닫고 미련 없이 림보를 떠날 결심을 한다. 그곳에서 일하는 직원들은 행복했던 순간을 선택하지 않았거나 할수 없었던 영혼들로서, 모치즈키 또한 그러하다. 림보를 떠나기로 결심한 모치즈키가 고심 끝에 선택한 가장 행복했던 기억은 자기와 함께 림보에서 열심히 일하고 있는 동료들의 모습이다. 그들 중에는 자기를 짝사랑한 시오리도 있다.

이 영화는 우리에게 묻는다. 당신이 이 세상과의 인연이 다해 천국으로 갈 때 꼭 간직할 단 하나의 행복한 기억은 무엇인가? 당신은 평생 살아오면서 어느 누군가를 행복하게 해준 적이 있는가? 그리고 누군가에게 행복의 대상이 된 삶을 산 적이 있느냐고 말이다. 이 영화에는 죽음을 삶의 끝이 아닌 연속으로 보는 감독의 따뜻한 시선이 담겨 있다.

림보에서의 면접에서 어떤 영혼은 면접관에게 "하나를 골라서 그것만 기억할 수 있게 된다면, 나머지 기억은 전부 다 잊을 수 있다는 건가요? 그렇다면 정말 천국이겠군요"라고 묻는다. 과연 그럴까 하는 생각이 든다. 우리의 삶은 희노애락이 씨줄과 날줄로 연결되어 있어, 행복도 결국 절망과 불행이 있음으로 해서 얻어지는 결과물이라 볼 수 있기 때문이다.

— 사후세계는 있는가? 목사가 겪은 임사체험 —

90 미니츠 인 헤븐

(90 Minutes In Heaven, 감독: 마이클 폴리쉬, 2015, 미국〉 ⑫

38세의 목사 던 파이퍼(헤이든 크리스텐슨 분)는 미국 텍사스주에서 열린 교회 컨퍼런스에 다녀오는 길에 큰 교통사고를 당한다. 죽을 고비를 넘기고 살아난 그는 친구와 아내(케이트 보스워스 분)에게 훗날 말했다.

"1989년 1월 18일, 그날 난 죽었어."

그날 사고 현장에 출동한 구조요원과 경찰은 던의 맥박이 정지했음을 확인하고는 죽었다고 판단한다. 그러나 현장을 지나던 목사가 던을 위해 찬송 기도를 드리던 중, 그가 희미하게나마 찬송가를 따라 부르는 것을 듣고 신고하여, 사건 발생 90여 분만에 병원으로 이송된다. 다리뼈가 으스러지는 등 온몸이 만신창이가 된 던은 11시간 30분에 걸친 대수술을 받는다. 다행히 뇌 손상은 없어 의식을 회복하지만 극심한 통증에 시달린다.

아내는 그를 극진히 간호하고, 친구도 전 세계 교회에 그를 위한 기도를 부탁한다. 문제는 엄청난 고통으로 살고자 하는 의지를 상실한 던이다. 그는 "이건 인간이 감당할 통증이 아니다"라며 고통을 호소한다. 가난한 개척교회 목사인 그는 경제적으로도 큰 어려움에 봉착한다. 변호사는 가해자로부터 받을 수 있는 손해배상의 한도가 낮아 별로 도움이 되지 않는다고 한다. 던은 고통에 지쳐 신을 원망하기에 이른다.

"하느님, 꼭 이렇게 하셔야 하나요?
다시 천국으로 데려가줄 수 없나요. 당장요."

아내의 정성어린 간호, 동료 목사와 신도들의 기도와 지원, 그리고 같은 병을 앓고 있는 소녀의 위로 등에 힘입어 그는 물리치료를 받을 정도로 상태가 좋아진다. 4개월에 걸쳐 34번의 수술을 받고 퇴원한 그는 친구와 아내에게 "난 천국이 실재한다는 것을 경험했어"라며 놀라운 고백을 한다.

"난 그날 죽었어.
내가 깨어났을 때 난 천국에 있었어.
사고 난 순간 어떤 빛이 나를 감쌌어. …
사방에서 예수님의 존재를 느낄 수 있었어.
그곳에서 내 생전에 이미 죽은 사람들을 만났어.
할아버지는 날 꺼안아주시고, 증조할머니도 …

고등학교 때 호수에 빠져 죽은 친구도 만났어.

그들의 미소가 행복해 보였어. 경이로움이 느껴졌어.

천국의 모든 영광과 환희를 즐기는

평화로운 자유를 봤어.

천국의 문에 도착하자마자 난 그곳을 떠난 거야."

  얘기를 들은 친구는 던 목사에게 "네가 다시 살아서 왔다는 것은 하나님께서 그 사실을 다른 사람들과 공유하란 뜻일 거야" 하며 격려한다. 5개월 뒤에 목사로 복귀한 그는 천국 경험을 바탕으로 한 책 『90 미니츠 인 헤븐(90 Minutes In Heaven)』을 썼다. 이 책은 2004년 이후 46개 언어로 번역되었고, 칠백만 독자가 읽었다고 한다. 그리고 그는 3천 곳이 넘는 전 세계의 교회를 방문하여 자신의 천국 경험을 공유했다고 한다.

기도

이 영화는 임사체험[81]을 경험한 현직 목사의 체험을 바탕으로 한다. 이와 유사한 영화로 〈천국에 다녀온 소년〉(Heaven Is For Real, 감독: 랜달 웰리스, 2014)이 있다. 이 영화 역시 실화를 소재로 한다. 생사의 갈림길에서 기적적으로 깨어난 네 살배기 소년이 천국에 다녀왔다고 부모에게 말한다.

소년은 마취 상태로 수술 받던 중 유체이탈하여 기도하는 엄마, 하느님께 화를 내던 아빠를 보았다고 한다. 그리고 무지개가 찬란한 천국에서 천사들의 노래를 들었고, 손바닥에 못 자국이 있는 예수님도 봤다고 한다. 특히 아이가 전혀 알 수 없는, 엄마의 임신 중 유산으로 죽은 누나가 자기를 안아주었고, 역시 알지 못했던 증조할아버지를 만났다고 해서 부모를 놀라게 한다. 그러나 이를 믿지 못하는 지역 사람들 사이에 큰 논란이 벌어진다.

의사와 과학자들 사이에 임사체험에 관한 논쟁이 진행되고 있고, 이를 실제 증명해보려는 많은 시도가 있다. 비록 사후세계 또는 영혼의 존재 여부가 과학적으로 완전하게 증명될 수 없다 할지라도 이를 진지하게 생각해보는 것만으로도 우리가 삶과 죽음을 대하는 자세가 달라질 수 있지 않을까?

---

81 임사체험(臨死體驗): 사람이 죽음에 이르렀다가 다시 살아난 체험을 의미한다(네이버 지식백과). 근사체험(近死體驗)이라고도 한다. 이를 체험한 자들은 비슷한 종류의 경험을 한다고 알려져 있다. 파노라마처럼 스쳐 지나가는 과거 재생, 유체이탈, 밝은 빛 터널 통과, 이미 죽은 가족 재회 등이다.

신과 함께 — 죄와 벌

(감독: 김용화, 2017, 한국) ⑫

'사람이 죽어 망자(亡者)가 되면,

저승에서 49일에 걸쳐 일곱 번의 재판을 받게 된다.

저승의 일곱 시왕[82]은

거짓, 나태, 불의, 배신, 폭력, 살인, 천륜을 심판하며,

모든 재판을 통과한 망자만이

다음 생으로 환생한다.'

— 불설수생경(佛說壽生經), 영화 자막에서 —

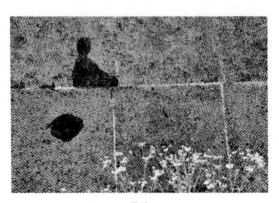

묵상

---

[82] 시왕(十王): 사후세계에서 인간들의 죄의 경중을 가리는 열 명의 심판관을 가리키는 불교 용어(출처: 네이버 지식백과)

빌딩의 화재를 진압하던 소방관 자홍(차태현 분)이 아이를 구하고 추락하는 순간, 그의 눈앞에 일생이 파노라마처럼 펼쳐진다. 그때 그의 이름이 적힌 적패지[83]를 들고 나타난 검정색 옷차림의 남자와 어린 소녀가 고(告)한다.

> "김자홍 씨는 오늘 예정대로
> 무사히 사망하셨습니다.
> 저희는 앞으로 49일 동안 진행될
> 일곱 번 재판의 변호와 경호를 맡은
> 저승 삼차사입니다."

그들은 저승차사 해원맥(주지훈 분)과 덕춘(김향기 분)으로, 남의 생명을 구한 '귀인'이라며 자홍을 치켜세운다. 아직 자신의 죽음을 믿지 못하는 그는 동료 소방관들이 자기 시신을 둘러싸고 심폐소생술에 열중인 것을 본다. 유체이탈[84] 상태에서 자신의 주검을 본 것이다. 그는 "저는 아직 죽으면 안 됩니다. 어머니를 두고 못 갑니다"라고 외치지만, 거대한 소용돌이에 빨려들어 하늘로 올라간다.

망자들의 긴 행렬을 따라 저승길을 가던 자홍은 저승의 입구

---

83 적패지(赤牌旨): 붉은 천에 저승으로 가야 할 자의 이름을 쓴 것(출처: 나무위키)
84 유체이탈(遺體離脫): 영혼이 육체에서 벗어나 분리되는 일

에서 또 다른 저승차사 강림(하정우 분)을 만난다. 그는 차사들의 리더이자 앞으로 자홍이 받게 될 일곱 번의 재판에서 변호를 맡는다. 삼차사들은 염라대왕으로부터 천 년 동안 마흔아홉 명의 망자를 환생시키면 인간으로 환생시켜주겠다는 약속을 받았기 때문에 자홍의 변호에 최선을 다하고자 한다.

재판정에는 망자의 생전 죄를 적극 밝히고자 하는 저승의 검사 격인 '판관'들이 있다. 일곱 번의 재판이 진행되면서 망자의 죄 유무를 두고 저승차사와 판관들 간에 기소 이유를 제시하고 이를 변호하는 열기가 대단하다.

첫 번째 관문은 살인지옥이다. 자홍은 과거 화재 현장에서 동료 소방관을 구하지 못한 적이 있어 간접살인죄를 저질렀다며 심판대에 오른다. 하지만 그날 다른 여덟 명의 목숨을 구한 사실이 업경[85]을 통해 밝혀져 무죄로 첫 관문을 통과한다.

두 번째 나태지옥 관문에서 자홍은 단 하루도 쉬지 않을 정도로 열심히 일했다 하여 쉽게 통과할 것으로 예상되었다. 그러나 열심히 일한 이유가 '돈' 때문이라는 사실이 밝혀져 위기를 맞는다. 돈이라는 '그릇된 신'을 섬겼다는 것이다. 다행히 병든 노모와 어린 동생을 뒷바라지하기 위했던 것임이 밝혀져 관문을 통과한다.

세 번째 관문은 거짓지옥이다. 힘든 생활을 하던 자홍이 어머

---

85 업경(業鏡): 불교에서 지옥의 염라대왕이 중생의 죄를 비추어 보는 거울(출처: 네이버 지식백과)

니에게 잘 지낸다는 거짓 편지를 썼고, 목숨을 잃은 동료 소방관의 딸에게 98통의 거짓 편지를 썼다 하여 기소된다. 그러나 선의의 거짓말로서 편지를 받은 어머니가 건강을 되찾았고, 동료의 자식들이 바르게 성장했음이 인정되어 기소가 기각된다.

지옥에서의 심판

네 번째 불의지옥 관문에서는 자홍은 불의를 저지른 적 없어 무난히 통과한다.

다섯 번째 관문인 배신지옥에서도 자홍은 해당 사항이 없다 하여 통과한다. 저승에서는 사회적 정의를 위한 양심적인 배신은 용서해준다는 원칙이 있다.

여섯 번째 관문인 폭력지옥에서 자홍은 동생을 무자비하게 때

렸지만 용서를 받은 적이 없었다는 사실이 드러나 기소될 위기에 처한다. 변호인 강림의 요청에 따라 다음 지옥에서 합산처벌을 받겠다 하여 심판이 미뤄진다.

마지막 일곱 번째 관문은 부모에게 지은 죄를 묻는 천륜지옥이다. 이 관문에서 자홍은 결정적인 위기를 맞는다. 15년 전 생활고에 절망한 나머지 어머니를 살해하고 자신도 죽으려 했던, '천륜'을 어긴 죄가 드러난 것이다. 그날 자홍은 말리는 동생 수홍[86]을 심하게 폭행(폭력지옥과 관련됨)하고, 죄책감에 집을 나간 뒤 15년간 한 번도 가족을 찾지 않았다.

염라대왕(이정재 분)은 분노하여 그에게 유죄를 선고하려 한다. 그러나 '삶이 다할 때까지 어머니와 동생을 위해 살겠다'라고 결심한 자홍이 악착같이 돈을 모아(나태지옥과 관련됨) 가족에게 보낸 사실이 밝혀진다. 그리고 강림의 도움으로 '현몽'[87]이 이뤄져, 이를 통해 만난 어머니로부터 용서를 받는다.

염라대왕은 그의 그릇된 행동이 가족을 위한 것임을 알게 되었다며 '이승에서 용서받은 죄는 저승에서 다시 다루지 않는다'라는 저승법 규정에 의거, 일곱 개 관문을 통과한 자홍에게 무죄를 선고하고 환생을 명한다. 그리고 염라대왕은 엄숙하게 덧붙인다.

---

86 영화에는 자홍의 동생 수홍이가 군복무 중 억울하게 의문사를 당하여 원귀가 되어 이승과 저승을 휘젓는 장면이 수차례 나온다.
87 現夢: 죽은 사람이나 신령 따위가 꿈에 나타남(출처: 네이버 어학사전)

"이승의 모든 인간들은 죄를 짓고 산다.

그들 중 소수만이 진정한 용기를 내어 용서를 구하고,

그중 극소수만이 진심으로 용서를 받는다."

이 영화는 인간의 죄를 일곱 개로 상정하고, 사후에 어떻게 심판을 받는가를 보여준다. 이와 유사한 영화로 〈세븐〉(Seven, 감독: 데이비드 핀처, 1995, 미국)이 있다. 이 작품에서는 식탐 (gluttony), 탐욕(greed), 나태(sloth), 색욕(lust), 교만(pride), 질투 (envy), 분노(wrath)를 인간이 저지르기 쉬운 일곱 개 죄악으로 규정하고 있다.

인간은 누구나 살아가며 죄를 짓는다. 영화에서 제시된 일곱 가지의 죄목을 하나하나 짚어가며 자기가 저지른 잘못을 업경에 스스로 비추어보는 것이 필요하다. 그 죄업을 돌이켜보아 깊이 반성하고, 참회하며, 진정한 용서를 구하는 것만이 구원을 받을 수 있는 길이라는 것을 영화는 말하고 있다. 아울러 상대방을 용서해주는 아량 또한 필요하다는 것도 강조하고 있다.

영화 속의 지옥을 묘사하기 위해 사용된 컴퓨터 그래픽 (computer graphic)은 관객을 판타지 세계로 이끈다. 일곱 개 죄악에 맞춰 불, 물, 모래, 바위, 거울, 칼, 얼음, 사막 등으로 표현된 지옥은 웅장하면서 섬세하지만 불길한 분위기를 보여준다. 이 영화는 웹툰 작가 주호민의 동명 만화를 원작으로 했으며, 관람

객 1,441만 명을 기록하여 흥행에 큰 성공을 거두었다. 그러나 스토리가 지나치게 신파로 흘러 감성팔이에 치중했다는 비판도 많이 받았다.

영화 관련

국내 문헌

- 『한국영화 100선 — 〈청춘의 십자로〉에서 〈피에타〉까지』, 한국영상자료원 편, 한국영상자료원, 2013. 12. 30.
- 『세계영화 100』, 안병섭 외, 한겨레신문사, 1998. 5. 19.
- 『한국영화 100년』, 호현찬, 문학사상사, 2007. 9. 10.
- 『죽기 전에 꼭 봐야 할 한국영화, 1001』, 이세기, 마로니에북스, 2011. 4. 20.
- 『언젠가 세상은 영화가 될 것이다』, 정성일·정우열, 바다출판사, 2010. 8. 13.
- 『영화가 욕망하는 것들』, 김영진, 책세상, 2001. 2. 15.
- 『순응과 전복』, 김영진, 을유문화사, 2019. 3. 15.
- 『세속적 영화, 세속적 비평』, 허문영, 도서출판 강, 2010. 3. 9.
- 『용회이명(用晦而明)』, 양선규, 작가와 비평, 2013. 5. 30.
- 『영화와 사회』, 김이석·김성욱 외, 한나래, 2012. 3. 20.
- 『영화로 보는 불륜의 사회학』, 황혜진, 살림, 2007. 7. 5.

- 『영화 속의 열린 세상』, 송희복, 문학과 지성사, 1999. 4. 30.
- 『김성곤교수의 영화에세이』, 김성곤, 열음사, 2000. 8. 19.
- 『김성곤의 영화기행』, 김성곤, 효형출판, 2002. 4. 25.
- 『영화 속의 문화』, 김성곤, 서울대학교 출판부, 2004. 12. 20.
- 『영화를 좋아하는 사람이라면 꼭 알아야 할 70가지』, 주성철, 소울메이트, 2014. 5. 20.
- 『유럽예술영화 명작 30편』, 신강호, 커뮤니케이션북스, 2006. 11. 3.
- 『세계 명작 영화 100선』, 이일범, 신아사, 2004. 11. 29.
- 『내게 행복을 준 여성영화 53선』, 옥선희, 여성신문사, 2005. 5. 16.
- 『내가 본 영화』, 유종호, 민음사, 2009. 6. 5.
- 『클래식 중독 — 새 것보다 짜릿한 한국 고전영화 이야기』, 조선희, 마음산책, 2013. 10. 10.
- 『영화는 역사다』, 강성률, 살림터, 2011. 7. 7.
- 『하재봉의 시네마 클릭』, 하재봉, 동인, 1999. 7. 5.
- 『영화 보고 갈래요?』, 이승수, 신아출판사, 2017. 5. 5.
- 『영화, 불교와 만나다』, 유응오, 아름다운인연, 2008. 9. 12.
- 『영화, 어떤 문화코드로 읽을 것인가』, 박태상, 집문당, 2002. 3. 20.
- 『필름 속을 걷다』, 이동진, 예담, 2007. 10. 15.
- 『길에서 어렴풋이 꿈을 꾸다』, 이동진, 위즈덤하우스, 2010. 3. 15.
- 『영화, 그곳에 가고 싶다』, 오동진, 섬앤섬, 2021. 8. 15.
- 『임권택 영화』, 김대중, 커뮤니케이션북스, 2016. 4. 25.
- 『영화 삼국지』, 안정효, 들녘, 2003. 11. 15.
- 『중국영화 이야기』, 임대근, 살림, 2005. 8. 10.
- 『중국 영화에 반하다』, 이종철, 학고방, 2008. 11. 30.
- 『영화로 만나는 현대 중국』, 곽수경 등, 산지니, 2012. 2. 27.
- 『시네마, 슬픈 대륙을 품다』, 임호준, 현실문화연구, 2006. 5. 22.

- 『영화로 만나는 치유의 심리학』, 김준기, 시그마북스, 2016. 5. 16.
- 『신경과의사 김종성 영화를 보다』, 김종성, 동녘, 2006. 12. 15.
- 『미국은 과연 특별한 나라인가』, 김봉중, 소나무, 2001. 9. 13.

해외 문헌

- 『위대한 영화 1』, 로저 에버트, 최보은·윤철희 옮김, 을유문화사, 2012. 2. 20.
- 『위대한 영화 2』, 로저 에버트, 윤철희 옮김, 을유문화사, 2012. 2. 20.
- 『세계의 명작 영화 50』, 노비 친, 박시진 옮김, 삼양미디어, 2009. 2. 5.
- 『영화가 시대를 말한다』, 야마다 카즈오, 박태옥 옮김, 한울, 2008. 10. 10.
- 『죽기 전에 꼭 봐야 할 영화, 1001편』, 스티븐 제이 슈나이더 책임 편집, 정지인 옮김, 마로니에북스, 2005. 9. 15.
- 『위대한 영화감독들의 기상천외한 인생 이야기』, 로버트 쉬네이큰버그, 정미우 옮김, 시그마북스, 2010. 8. 25.

잡지

- 「영화 천국」, 한국영상자료원, 격월간지, 2013년 1·2월~2019년 5·6월호

가족, 중·노년 관련

- 『가족 공부』, 최광현, EBS북스, 2022. 5. 20.
- 『중년의 심리학』, 최명희, 자유문고, 2021. 2. 24.
- 『우리는 왜 죽음을 두려워할 필요 없는가』, 정현채, 비아북, 2021. 2. 15.
- 『사람은 왜 죽는가』, 이효범, 렛츠북, 2020. 9. 3.
- 『인생은 왜 50부터 반등하는가』, 조너선 라우시, 부카, 2021. 9. 23.
- 『노년에 관하여, 우정에 관하여』, 마르쿠스 툴리우스 키케로, 천병희 옮김, 숲, 2016. 10. 20.
- 『늙어감에 대하여』, 장 아메리, 김희상 옮김, 돌베개, 2019. 3. 22.
- 『죽기 전에 봐야 할 세계 설명서』, 하시즈메 다이사부로, 주성원 옮김, 불광출판사, 2022. 6. 25.

🎞 제1부 ─────────────────────

제5부

※ 초상 사진 및 출처와 작가명을 밝힌 사진 외에는 저자가 직접 촬영